L'Ordinatrice seconde

MAUD SACQUARD DE BELLEROCHE

L'Ordinatrice seconde

France Loisirs
123, boulevard de Grenelle, Paris

Edition du Club France Loisirs - Paris
avec l'autorisation des Editions Pauvert

ISBN 2-7242-0261-9

MON DICTIONNAIRE DES EQUIVALENCES

A	=	ardent	A’	=	ambigu
B	=	brutal	B’	=	blanc-bec
C	=	caressant	C’	=	cynique
D	=	diabolique	D’	=	dadais (grand)
E	=	extravagant	E’	=	éberlué
F	=	fastueux	F’	=	fade
G	=	gamin	G’	=	grotesque
H	=	un homme	H’	=	humble
I	=	irrésistible	I’	=	idiot
J	=	joli	J’	=	jésuite
K	=	(K) camarade	K’	=	Kaput
L	=	lascif	L’	=	louche
M	=	mondain	M’	=	malléable
N	=	nonchalant	N’	=	négatif
O	=	orgueilleux	O’	=	odieux
P	=	praticien	P’	=	puritain
Q	=	de qualité	Q’	=	querelleur
R	=	réaliste	R’	=	rêvasseur
S	=	somptueux	S’	=	stupide
T	=	traditionaliste	T’	=	troubadour
U	=	universel	U’	=	usagé
V	=	voluptueux	V’	=	vicieux
W	=	wagnérien	W’	=	Waterloo
X	=	(e) exagéré	X’	=	xénophobe
Y	=	yaourt	Y’	=	yéyé
Z	=	zélateur	Z’	=	zézayant

« Dans toute volonté de connaître il y a une goutte de cruauté. »

NIETZSCHE

Avant-propos

« *Qu'est-ce qu'un vice? Un goût qu'on ne partage pas.* »

Jean Lorrain

Je est une autre... et je ne sais parler que de lui — ou elle!

M'étant gavée de la littérature féminine de ma génération, j'y ai rencontré du talent souvent, de la mélancolie toujours. Et aussi une malencontreuse tendance au désastre, une absence de désinvolture, un regard contristé sur les progénitures contestataires. La défaite plus ou moins ouvertement confessée de quadragénaires *flouées*.

En sorte que j'ai éprouvé le besoin de faire le point — une deuxième et sans doute une dernière fois — sur une libertine qui savoure sa joyeuse liberté.

Mùrir et mourir, mùrir et se meurtrir vont de pair pour ces dames qui accrochent les uns après les autres les lambeaux de leur jeunesse aux bordes du quotidien. Sans doute croient-elles qu'Il leur faut se voùter pour que s'élègedt tallle et conscience de leurs enfants. Elles assument tous les problèmes, y compris ceux des autres, comme si c'était là le prix de l'insouciance et de l'égoïsme piaffant de leur adolescence. Puisqu'elles n'ont plus à pouponner, elles accouchent d'une souris grise, l'ennui, et vient alors le temps oû elles blanchissent... Mais foin de toute mélancolie ! je préfère, moi, me jeter nue et armée dans la ferveur.

Pour une Ordinatrice, il en est tant de ces Nathanaël qui n'aspirent qu'à servir.

Ainsi, mes consœurs souffrent de leur quarantaine, et je les plains, moi qui, lorsque la morosité me guette, m'enthousiasme pour Arrabal, Léonor Fini, Béjart, Karajan, une excursion en haute montagne, ou la découverte d'un être neuf auquel j'apporterai autant qu'il me donne.

Toutes proportions gardées.

Car se gorger de passion dans les bras d'un séducteur chevronné vaut bien le spectacle galant d'une semi-innocence s'offrant à l'initiatrice.

Mon fils, officier de l'Armée de l'Air, qui aime à voler pour moi d'indulgence en indulgence, décrète : « Maman a raison. Elle est superbe et gaie, car elle couche avec la beauté. » Quel satisfecit ! Venant de qui m'est le plus cher, voilà qui me confirme dans ma resplendissante confiance en la vie.

Des Benjamin en rupture d'études qui métamorphosent le produit de répétitions de maths en roses hommages à la bien-aimée, j'en ai cueilli cette année une bonne demi-douzaine ; et aussi des Chésubin sans latin ni pardon, toujours disponibles, gracieux cheptel !

Soit. Et si ma démarche semble superficielle aux esprits forts, qu'importe ? Elle n'est pas vaine d'offrir à l'amazone prétexte aux assauts vivifiants, renouvelables à merci. Là où le corps a été si bien décrit de bouche, le désir repousse toujours plus dru. Et l'esprit se hasarde...

Antoine (KARM')

« *Dans la vie d'un homme marié trois est une compagnie, deux n'en est pas une.* »

Oscar Wilde

Je ne quittais plus mes lunettes noires. Si ce n'est pour dormir.

Seule.

Mon cher vieux compagnon de tendresse veillait sur la renaissance de mes paupières. Dévotement. Qui donc a dit : « Les femmes vieillissent plus par la fidélité de leurs admirateurs que par tout autre chose » ? L'affreux Wilde, sans doute, ce lucide qui n'en pouvait mais...

J'enrage. Je dois bien, néanmoins, m'incliner devant l'évidence : duc ou P.-D.G., je dîne plus souvent qu'autrefois avec des boutonnières fleuries. Il faut réagir, que diable! avant de voir poindre la cravate de commandeur ou l'habit vert décrépit.

Montagne. Il est tombé cette nuit une « poudreuse » angélique. Je relève d'une convalescence Rodolphienne, passée en compagnie d'un inspecteur des finances qui faillit bien être, lui, le tombeau de l'Ordinatrice (quatrième mariage et cortège de renoncements — on croit rêver!).

Joseph, le préposé à la benne, éprouve pour moi depuis vingt ans un faible qui ne se dément pas. Ce ne sont pas seulement vos amants qui vous datent, mais tous vos fervents, serviteurs inclus.

Trichant avec les numéros d'appel, je me faufile sous la haie des skis, trop confiante en l'efficacité de mon claironnant « Bonjour Joseph! Elle est bonne aujourd'hui? » car une poigne agrippe mon anorak resquilleur.

— Non, belle dame, votre bronzage ne vous servira pas de sésame avec moi.

Furieuse, je secoue l'importun trop respectueux des règlements, et chuchote sans le regarder : « Ne criez pas si fort, ou je vous fais rétrograder définitivement. Suivez-moi, plutôt. Joseph est un ange, ou un pote, si vous préférez. On va gagner une demi-heure de poudreuse supplémentaire, râleur! »

C'est qu'il est beau, l'animal ! Mal fagoté dans un fuseau démodé en tricotine noire, mais quelle carrure! J'ai parlé avant de réfléchir, comme toujours, mais mon instinct m'a guidée vers le poulain piaffant à faire chavirer une vicomtesse bien pensante ! Et je sombre dans un sourire à deux, doucereux comme une île de chocolat dans un océan de chantilly.

Le benêt s'attendrit. La multitude proteste. Impavides, nous fonçons cependant vers Joseph, complice.

L'inconnu porte sa carte d'abonnement accrochée au cou comme les gosses du remonte-pente, et je pense fondre d'abandon. Il quitte sa moufle gauche, et l'anneau du servage, apparaît, effaçant l'enfance. « Déjà ? » L'ai-je murmuré, ou seulement pensé si fort? Toujours est-il qu'il m'a comprise.

— Oui, depuis deux ans, et j'ai une petite de trois mois adorable.

— Et si j'insiste tant soit peu, vous allez me montrer sa photo.

Je ricane. Cet Apollon père de famille semble ignorer le mot humour. Pas l'ombre d'ironie dans ses phrases. « Heureux mortel ! »

Cependant, haussée sur la pointe de mes brodequins à crochets, je loge mes reins entre ses cuisses, tandis que mes cheveux frôlent sa bouche. Je crispe les fesses, et son sexe approuve. Allons, sans doute faut-il réhabiliter la tricotine, car l'élastiss m'aurait caché l'orage mûrissant. Outre la vertu spécifique de tel tissu, j'apprends encore qu'il existe à Megève des *Maisons de Vacances pour Familles* — qui me rappellent les *Salones para familias*[1] de Buenos Aires, où l'on peut aller avec les enfants sans crainte (ou sans espoir) d'être draguée. Mais revenons à Antoine.

Autodidacte du ski, et j'apprécie qu'il l'avoue sans complexe, il fonce de toute la puissance de ses muscles de champion d'aviron à Nogent-sur-Marne... Il s'offre aussi des chutes pittoresques, et je m'efforce de lui inculquer quelques principes de base. Discipliné comme tous les sportifs, il m'écoute. « Il y a deux ans, j'ai tenté d'apprendre à skier à mon amant de la saison, mais je me suis crue une pédagogue sans avenir. Heureusement, vous me rassurez. Là, Antoine, serrez davantage vos skis, attaquez plus nettement le virage. Ne *stemez* pas, c'est *out!* Bravo! vous y êtes... »

Nous déjeunons au soleil, chez « la Tante », avec des tonnes de gratin dauphinois. Il mange sans élégance, suçant même son couteau à fromage, ce qui horrifierait mes bonnes amies et moi-même, en d'autres circonstances. Mais la langue de ce jeune taureau est rose vif — et trop vif mon désir de la croquer sur canapé. « Comment voulez-vous descendre, Antoine, par les Mandarines ou les Étudiants? Ou bien tirons à pile ou face? » Mais, il n'avait plus de volonté que la mienne, ce mâlillon hâbleur de la matinée.

---

1. Salles réservées aux familles.

L'Ordinatrice seconde

Les Étudiants n'étaient pas si commodes pour un novice, ni même pour une chevronnée comme moi. La fausse poudreuse était craquante, et il fallait négocier les virages entre les sapins. Mais il y allait, le bougre au regard de friandise. Aussi, me suis-je laissée choir pour admirer son rire carnassier, et avons-nous roulé skis aux pieds, bouche à bouche.

Crier d'amour en plein soleil au hasard d'une piste déserte, mordre des lèvres juteuses encore de myrtilles violettes, se laisser fouiller par un sexe arrogant, ah! volupté païenne...

Le fuseau béait sur son ventre où brillaient des boucles acajou que j'enroulais autour de mes doigts. Le froid s'insinuait dans mes reins sans que j'y prisse garde : la montagne creusait une baignoire d'oubli glacé. Fuite en avant! Sur ma cuisse nue, au creux de l'aine, il y eut une auréole mauve.

Hervé (LINVH)

Premier mai. Premier bain. Au lieu d'aller cueillir le muguet, je vais étrenner la Seine et mon bikini jaune, à Deligny.

Je déteste cette chair d'hiver, la mienne, blafarde sous les rayons dorés. Je m'ennuie dans ma peau, je rêvasse, quand une éclaboussure glacée me sort de ma torpeur. « Pardonnez-moi, je vous ai mouillée », s'exclame une tête blonde gaiement navrée, saint Jean-Baptiste surgi du bassin désert, avant de piquer une pointe de vitesse. Ce malotru m'a gelée, et je me retourne sur ma rabane, la bouche sur les « Anti-Mémoires ». Je les lis par bribes, mêlant mes rêveries aux éclairs de Malraux. Puis, mon butor me frôle. Je file un regard sous le traversin de mes bras, et reconnais le guépard, dont la chair duvetée, mordorée ondule à quelques centimètres de mon flanc gauche. Et voilà qu'il rampe! Encore un pouce, ça y est : l'étincelle a fusé de son avant-bras. Il sourit. Deux canines, deux crocs plutôt, laissent passer un nouveau « pardon », et je m'entends murmurer : « Décidément, vous ne savez rien dire d'autre.

— Pardon! Je sais aussi dire merci. Tenez, écoutez-moi : merci pour votre frange de cheveux noirs qui ressemble à Foujita...

— Foujita autrefois! Or, nous ne l'avons connu que blanchi par le temps. Trouvez autre chose.

— Merci pour votre cou de victime expiatoire!

— Hélas! Ce long cou surmonté d'une si petite tête me faisait surnommer le héron au lycée... jadis — ou bien naguère.

— Merci de vos courbes et du jaune solaire qui les magnifie. Savez-vous que c'est la nuance même de mon désir pour elles? Je les épouse...

— Épousez en pensée, mais ne les éclaboussez plus, poète du dimanche!

— Dimanche, c'est vrai, quelle fête! Vous, dimanche, et le premier mai!

— Un beau tiercé de réjouissances en perspective. C'est cela, non? Je vous renvoie le compliment : le soleil, la liberté, et vous. Quant au dimanche, je le hais, quel rapport a-t-il avec la fête, cette explosion de joie?

— Merci, merci... »

Il avait mis sa main sur ma nuque. Nous nous tûmes. J'étais bien.

Aurions-nous dû rester à la piscine? Encore un instant de soleil... Le voici chez moi; et je le veux baigné de lumière. La passionnée pâtit, la libertine agit. Hervé est sujet. Le mien. « Tirons mon lit sous la fenêtre, dis-je, et puis je l'ouvrirai toute grande avant de vous ouvrir les bras. »

Rien n'est plus encombrant à véhiculer qu'une couche nuptiale. La poussière vole, honte sur moi!

mais le désir tient bon. Et dans les berges du balcon, un peu plus tard, nous croquons des tomates... Je croque, tu mords, je te barbouille de jus jusqu'aux cuisses. Nous sommes rouges de pulpe. Je m'ouvre, le soleil entre, Hervé aussi, tandis que nous violent les Rolling Stones. Arrêt. Le rythme change, un accord aigre, tête-bêche on recommence, mots, cœur, chant, mouvement, liqueur, Hervé, ma fête...

« Prenez du bon temps, les enfants, amusez-vous bien... » Une voix goguenarde et marseillaise tombe à pic sur nos enlacements. Brisé dans son élan, Hervé lève la tête, moi aussi. Deux peintres en bâtiments, du haut d'une pyramide de balcons, nous contemplent... Et commentent sans discrétion le spectacle. Le premier avec chaleur, le second avec hargne. « Faire ça en plein jour, non mais quelle honte ! Le cul, le cul, y n'y a que ça pour les bourgeois, tout dans le falzar, rien dans le cigare ! »

Ce proverbe, inconnu de moi, déclencha notre hilarité. Pudique à retardement, je nous avais prestement voilés de draps roses ; mais les soubresauts de notre fou rire eurent tôt fait de faire jaillir de nouveau un sein, une cuisse, et qui sait même, une fesse. Et plus le puritain s'acharnait, plus nous riions et dévoilions nos corps. « Regarde-moi ça, ils n'ont même pas honte ! »

Le Méridional, lui, sur lequel j'avais dû produire grosse impression, voulait bien fustiger mon partenaire, mais s'employait surtout à vanter mes charmes. Pour le remercier, je lui envoyai un baiser du bout des doigts, et Hervé s'empressa de fermer la fenêtre pour couper court à mon flirt prolétarien. Il faillit aussi rester coi, le rire n'étant pas toujours dionysiaque, et le plaisir étant, comme chacun sait, chose austère.

Comment donc passer le week-end, pas trop loin, sans beaucoup d'argent, avec une passion en fleur? En camping, parbleu! J'ai une tente pour deux, et il suffit de s'aimer au sel de mer.

Personne à l'horizon de la nuit. Le phare de Honfleur balaie les paillettes du Havre, le toit mandarine de notre campement d'Indiens. « Fais-moi un feu de joie, Œil-de-Lynx.

— Affirmatif! » proclame le grand chef, frais émoulu de Centrale.

Branches de pommier encore tièdes de la journée et racines séchées grimaçantes se mêlent sur un trépied de galets gris pour les amants aux pieds nus qui les sacrifient à leur plaisir.

« Hervé, j'ai faim! Grillons les saucisses, veux-tu? » Bien sûr qu'il le veut, ce gosse qui joue aux Sioux avec sa proie nocturne. Il enfile une brochette de merguez, le brasier crépite. Je réveille avec une grappe de phalanges odorantes le sexe endormi sous le survêtement vert sombre; puis fléchis les genoux et commence la grande prière dans le fracas des vagues. Ainsi, nous nous aimons, mon faune et moi, et poursuivons longtemps la fascinante farandole.

Ensuite nous jouons. Hervé saisit ma main aux ongles clairs et m'entraîne dans sa course jusqu'au sable mouillé à la tendresse ferme. Il ramasse deux coquillages longilignes, nacrés, ourlés de sombre, de ceux que, petite, j'appelais couteaux, m'en tend un, vole un baiser au plus dodu du bras, trace trois traits sur la grève, et, me saisissant par les épaules, m'oblige à tournoyer. « Un, deux, trois, chantonne-t-il. Achève mon esquisse en dix secondes. Puis, ce sera à moi; et ainsi de suite. Nous verrons plus tard lequel a gagné. Commence! »

Je ris, rafraîchie par le jeu, la gratuité vibrante où l'on affronte allégrement un adversaire qui, ô paradoxe! vous veut du bien — ou du moins vous veut bien. J'entreprends une caricature du général de Gaulle : nez promontoire, menton rongé d'ambition. J'abdique devant la ressemblance, mais l'outrance forge le profil en médaille. Hervé ricane : « Facile! Tu triches. » Et il bâcle un poisson-scie banal. « J'ai gagné, m'exclamé-je. Ton espèce de raie est des plus vagues; tandis que mon moderne Louis XIV ne peut être tiré qu'à un seul exemplaire. »

Hervé saisit ma croupe, qui ne désespère que moi, et me plaçant contre lui, il me mord. « Oui, mords-moi, j'ai envie, plus fort... » Il est brutal sans peine. Je porte la main à ma bouche, où suinte un mélange de salive, de sel et de sang : il m'a entamé la lèvre, l'enragé! Mais les jeunes gens sont faits pour la colère. Ils ignorent l'humour, sauf très noir, ainsi que les nuances, alibi des adultes. Tant mieux! Les excès sont le lot des mâles en crise de croissance; leurs ébats désordonnés, le mien.

Mais l'acharnement d'insecte du sportif vient à bout de tous les week-ends amoureux. Hervé voulait à tout prix conserver des lauriers acquis à vingt ans, au décathlon. Il lançait donc le poids et voulait me former à cette discipline si peu féminine. A part les Soviétiques et les Polonaises, qui donc a jamais vu une femme de gabarit harmonieux lancer efficacement? Je me contentai des sept mètres avant d'offrir ma démission pour m'allonger avec un grand soupir et ne plus jouer qu'avec le soleil. De toute façon, la nuit, j'aurais ma revanche...

Outre le plaisir que ces deux jeunes hommes partagèrent avec moi, je leur vois en commun une autre ressemblance : une certaine benoîte hypocrisie. Car l'un et l'autre époux abusifs, Antoine et Hervé avaient pourtant une vie de famille équilibrée. Le premier était nanti d'une moitié popote qui soignait ses ragoûts, lavait ses couches et reprisait attentivement sa jeunesse, le second d'une agrégative d'Espagnol à qui il contait des histoires de brigands pour couler d'idylliques et maritimes week-ends avec moi.

L'Ordinatrice seconde

« Elle est bien plus tranquille pour préparer ses examens... » Ainsi se justifiait-il devant moi qui ne lui demandais rien. Allez donc vous étonner après cela de la décrépitude de la morale...

Moins 25 :
Lionel (NTMF'J')
Franck (BYB'E'F'Q')
Hugues (CIJNOT')

« Il faudrait être assez pur ou assez brave pour ne pas exiger que les choses durent. »

Nizan

« On ne détruit que ce qu'on remplace », disait Maurras qui fut le maître à penser de mon adolescence contestataire, à rebours de la mode actuelle. En 1968, trois garçons affamés de maturité, qui avaient en commun âge tendre, haute taille, et sources communes — les chanteuses yéyé — se remplacèrent l'un l'autre. Mon premier était sociologue, mon second médecin, mon troisième architecte, et mon tout — qu'importe! il suffit pour moi de garder le sens de l'humour.

Si l'on pouvait changer de contemporains en mûrissant, il serait sûrement divin de vieillir. Hélas! les quadragénaires prennent du ventre et perdent leur enthousiasme. A la piscine du Racing où je les côtoie, muscles et cheveux à la dérive, je m'attendris sur leurs épouses, persévérantes sportives qui, comme moi, luttent à force de gymnastique, de diète et d'huile solaire, pour pouvoir se contempler sans déplaisir dans les yeux d'autrui.

Après un séjour en Turquie, au Club Méditerranée, je participe à un joyeux dîner de G.M. (Gentils Membres). Il y aura là beaucoup d'étudiants, mes copains de voile et chasse sous-marine, mais si, à la plage, ils ne me posent guère de problèmes d'habillement, il n'en est plus de même, en ville, où j'hésite à me vêtir en femme de quarante ans, et finis, pour eux, par adopter le chandail et la mini-jupe-culotte.

Lionel est le grand frère de Guy, un blondinet avec qui je disputais, et perdais régulièrement des concours de mérous. Athlétique et cultivé, il revient d'un voyage aux Indes d'où il a rapporté, bien sûr, maints sujets de méditation. Il parle juste, m'intéresse. Les autres fondent dans un brouillard d'enfance, et nous montons au septième ciel... des confidences adultes. Je décide qu'il m'accompagnera au Théâtre des Champs-Élysées, au Festival de la Danse.

Tous les deux en smoking de velours noir, lui immense et blond, moi longue et brune, nous avons l'air d'une gravure de mode, au su et vu du Tout-Paris. Je *nous* contemple, non sans fierté, dans ces regards jaloux qui me plaisent. Faire ainsi son entrée au bras d'un futur amant ravageur, encore inconnu de la faune parisienne, vaut, à mon sens, tous les LSD du monde. Ma drogue à moi, il est vrai, c'est de jouir, d'enseigner à l'autre rites et impondérables de l'amour, et enfin d'exhiber à ce public privilégié l'objet de mes plaisirs. L'ambition peut paraître courte, mais les joies de l'esprit, je les partage avec mes amis, ou les savoure seule, en silence.

Jules Renard disait : « Quand je pense à tous les livres qu'il me reste à lire, je sais que je serai encore heureux. » Moi aussi.

Dès lors, et pour en revenir à des satisfactions plus charnelles, occupons-nous de ce Lionel qui a retenu une table pour souper avec sa conquête, ou du moins celle qu'il croit avoir faite, car, en définitive, c'est toujours la « middle-age », comme disent joliment les Américaines, qui jette le gant. C'est bien moi, en effet, qui l'ai enjôlé, ce fils à papa en rupture de minettes.

Steak au poivre. « Je vous ai étudiée pendant les entractes, j'ai admiré votre science, Maud. Vous êtes insolente avec ingénuité.

— Insolente, sûrement. Mais je ne vois pas trace d'ingénuité dans mon comportement.

— Rappelez-vous, quand ce couple de pédérastes vous a fait compliment de votre ensemble si masculin...

— Et que j'ai vivement rétorqué que cette approbation allait de soi ? Où est l'ingénuité, que diable ?

— Vous avez ajouté, vous adressant au plus... au plus féminin : cela vous irait encore cent fois mieux qu'à moi. Il y a trop de dentelles pour une brune.

— Mais c'est vrai ! Son teint de nacre, qu'il doit protéger avec des masques à la rose, réclame un jabot à la Laclos...

— Ma chérie, soyez de grâce ma liaison dangereuse !

— Beau lion, beau Lionel, vous n'êtes pas encore l'irrésistible Valmont, mais je veux bien mon sacrifice. Qu'avez-vous à me proposer en holocauste ?

— Demandez, et vous serez exaucée.

— Voyons, procédons par ordre. Qui avez-vous, jusqu'à présent, honoré de vos faveurs ? »

Il proteste, j'interromps son geste : « Je ne vous demande pas une liste, mais un nom, même s'il est faux. Ma bonne volonté n'est pas une indiscrétion. Alors ? »

Il hésite, balance entre son envie de moi et la lâcheté que ma malignité lui réclame. « Eh bien, c'est une étudiante en sociologie, avec qui je suis allé aux Indes, cet été.

— Parfait ! Nous y voilà. Et montrez-moi la photo de cette disciple de Durkheim que vous avez sûrement dans votre portefeuille... »

Il proteste pour la forme, moi, je commence à m'amuser ferme : « Mais si, chéri, voyons, montrez-la-moi une seconde. Je vous promets qu'ensuite nous l'oublierons... la nuit entière. »

Ma main se retourne, paume offerte. Je n'ai pas besoin de lui faire un dessin, et il la savoure à pleines lèvres. J'ai pratiquement aboli sa résistance de garçon bien élevé. J'ajoute : « Puisqu'il vous faudra bien m'obéir, pourquoi tarder ? »

Il cède. Je vois une charmante demoiselle au sourire béat, en robe multicolore, sur fond de temple. « J'espère que vous n'attendez pas que j'approuve votre choix de cette gentille bécasse — qui a sans doute de la culture. Lui avez-vous parlé de moi ?

— Elle a deviné.

— Alors, je retire bécasse. Mais racontez, je veux tout savoir. »

Son genou est si bien logé entre le double renflement de mes cuisses qu'il me semble sentir déjà la chair fléchir. « Il a vingt-cinq ans, me dis-je, il est là, et il te fait l'hommage de sa petite fiancée qu'il déchiquette pour t'obtenir... »

Il me dégoûte un peu, ce beau gosse de la bourgeoisie à dollars, mais moi, je me dégoûte tout à fait. Ce rôle de mauvaise femme qui assure sa proie aux dépens d'une innocente agnelle est ignoble. Tant pis, je suis lancée, prête à achever le massacre : « N'êtes-vous pas fiancé, Lionel ? Il me semble qu'en Turquie, votre frère m'avait parlé de quelque chose comme cela, mais n'ayant pas encore eu la joie de vous rencontrer, n'est-ce pas ? Ça ne m'intéressait guère, cet été.

— Je ne suis plus fiancé... plus pour l'instant. »

Je fais semblant de m'étonner : « Comment cela, *pour l'instant ?* Vous comptez le redevenir, ou elle ne veut plus de vous ?

— Oh ! Elle voudra toujours de moi, comme vous dites. Elle n'a pas voulu rompre, même quand je lui ai dit qui vous étiez, et ce que vous étiez pour moi.

— Et que suis-je donc pour vous, une femme qui vous a embrassé mieux qu'elle, et dont les propos, les mœurs vous attirent ?

— Vous savez parfaitement, Maud, que cela va tellement plus loin. Vous êtes fascinante : je vous connais à peine, et je sais que je vous aime déjà... »

Je le bâillonne de la main : « Doucement, Lionel. Pas d'impropriétés quant aux choses du sexe. Vous me désirez, certes, et même m'adorez, peut-être ; c'est tout à fait suffisant pour mon appétit. Mais revenons à cette... au fait, comment s'appelle-t-elle, votre promise ?

— Elle n'est pas promise, répond-il, furieux. Vos mots sont aussi impropres que les miens !

— Soit. Alors ?

— Caroline.

— Encore une Caroline ! Cette génération a décidément choisi pour étendard ce prénom. Ce sera au moins la troisième à laquelle j'aurai provisoirement dérobé son soupirant — soupirant, ça vous va ? De toutes façons, votre colère me plaît, Lionel. Allez, rentrons. Je vais nous priver de dessert pour nous punir d'avoir été si méchants. »

Hélas! nos amours furent de courte durée. Une malencontreuse hernie qu'il fallut opérer la semaine suivante mit un terme quasi définitif à notre joyeux corps à corps. Cependant, comme il me fallait bien être gentille avec l'amant blessé dans sa chair, je lui offris de passer son week-end de convalescence en Val de Loire.

Décembre était glacial, et ma proposition pour le moins farfelue. Mais, j'ai l'habitude de jouer les cicerone dans les châteaux de la Loire avec mes amants; mes activités de conférencière pour érudits vieillissants trouvent là des compensations toniques.

Lionel et moi partîmes donc par —5 sur les routes verglacées, vers Talcy. Il y eut, d'emblée, une première mise au point : « Désolé de prendre ta voiture, chérie, mais j'ai prêté la mienne à mon frère, et ma mère m'a submergé de recommandations. Je crois que ton intrépidité lui fait très peur...

— Dis plutôt que notre liaison, si elle a pu d'abord la flatter, maintenant la terrorise. Mais à propos, où en sont tes projets matrimoniaux? Caroline patiente-t-elle en attendant notre rupture, ou bien... ?

— Elle pleure. Quand je lui ai dit pour où nous partions, elle a éclaté en sanglots.

— Et tu t'en moques, beau monstre !

— Et toi donc, nierais-tu que cela te cause un certain plaisir ? »

A l'auberge où nous étions les seuls clients, nous nous grisâmes de brouilly en brouillant nos baisers. Puis, courant main dans la main, à travers un domaine moelleux de neige, nous découvrîmes Talcy dans un repli soyeux de la Beauce blésoise.

Château moyenâgeux construit sous la Renaissance par un banquier florentin du nom de Bernard Salviati, ses vieilles pierres résonnaient encore des échos des amours célèbres qui s'y ébattirent. Deux Salviati femelles avaient suscité des passions littéraires du meilleur cru. Pour les yeux de l'une, le cœur d'Agrippa d'Aubigné, le contestataire du XVIe siècle, avait battu; et pour ceux de l'autre, celui de Ronsard en avait fait autant, non sans agrémenter ses soupirs de force strophes fleuries. Une autre belle de la même lignée épousera plus tard un Guillaume de Musset, aïeul du grand poète... Lionel riait à mes histoires d'égéries, mais n'était pas loin de vouloir jouer les héros légendaires. Il me le dit avec un lyrisme emphatique et ingénu. « Mais non, mais non, répliquai-je, tu inverses la tradition. La muse, c'est toi; j'incarne seulement le chantre femelle du soupirant viril qui n'est point, hélas! si courant au XXe siècle. »

Nous nous embrassâmes sous le ciel de lit de Catherine de Médicis, en songeant que Ruggieri avait peut-être lu dans les astres la conjonction de l'historienne d'Henri III et d'un jouvenceau sociologue qui serait mignon tout en ne l'étant pas...

D'Orléans à Sully, Jeanne la Pucelle nous fit escorte. A Gien, nous rencontrâmes le fantôme d'Anne de Beaujeu, maîtresse femme et régente du royaume, dont le père, Louis XI, disait : « C'est la moins folle femme de France, car pour sage, je n'en connais point. »

Dès notre retour à la maison, ravis mais transis de notre escapade, nous réchauffâmes au punch nos cerveaux embrumés et nos membres glacés, serrés l'un contre l'autre sur le lit aux draps tièdes, tandis que l'électrophone nous dispensait les noirs et mouvants mirages de la troublante Barbara.

Mon convalescent caressait mon ventre à travers le pantalon que j'avais sagement gardé, car un opéré de dix jours ne doit pas s'émouvoir en vain, l'ordre du médecin était formel. Sa main tira cependant la fermeture éclair. Je m'obstinais à défendre le dernier rempart d'un collant beige qui me faisait comme une seconde peau, mais l'homme butinait si savamment mon cou que je finis par abandonner mes résolutions. Maud l'ardente tordit le cœur à Maud la bonne... Et je baissai moi-même le collant, offrant mes cuisses épanouies. Vertige de tête blonde sur toison brune, notes fiévreuses d'une Barbara qui nous consume. Soudain mon partenaire change la pose, nous perdons l'un et l'autre un reste de conscience, et malgré le pansement au coin de l'aine, Lionel entre en moi comme en un fruit. Je hurle, et ses lèvres écrasent mes protestations qui se fondent en une pluie bienfaisante. Alors, c'est lui qui éclate pareil à une grenade, tandis qu'il jouit. Puis il s'affaisse, et je le berce, et je le panse. De sa blessure coule un sang violacé, et sur la jambe du guerrier meurtri, faible au-delà des mots, une traînée majuscule me fascine tant que, démente comme une goule, je lèche ces lettres de sperme et de sang.

Et pour la première fois depuis longtemps, en un très bas soupir, l'amazone demande pardon à l'amant qu'elle a meurtri.

Mais autant en emporte le vent! Le lendemain, une phrase maladroite m'agace, c'est le temps de passer la main : Franck peut faire son entrée.

Il m'aborda un peu rudement, l'animal! Cinq heures sonnaient à Saint-Augustin, je roulais en direction des Champs-Élysées, lorsqu'une 404, gluante de poussière me dépassa en frôlant mon aile gauche. Je réagis en « bonne » chauffarde, et j'injuriai vertement.

Encombrements. Je tourne rue de Miromesnil, toujours flanquée de la Peugeot qui, naguère, fut peut-être blanche. Son conducteur plante hardiment son regard dans le mien et dit, en guise d'excuse : « Vous n'êtes même pas écorchée, et puis quelle idée, quand on est si jolie, d'être désagréable ? »

Je hausse les épaules sans daigner répondre, mais j'admire, par-devers moi, deux grands yeux verts propres à semer la panique chez les vendeuses de Monoprix ou chez les Debs.

Cohue. Je crois avoir perdu mon agresseur, quand soudain il me coince entre son char et un camion massif. Il sourit. Moi, non. Il m'exaspère. « Chevalier Ajax, vous feriez mieux de laver votre véhicule, plutôt que de viser la carrosserie des autres. » J'avais parlé, quelle imprudence ! Il sauta sur l'occasion. « Promis, dit-il joyeusement, dès ce soir je lâche les enzymes — mais si vous venez prendre une tasse de thé avec moi. Et tout de suite, s'il vous plaît...

— Est-ce que j'ai une tête à prendre le thé à cinq heures avec le Chevalier Blanc ? »

J'éclate de rire. Lui aussi, bien sûr. L'embouteillage triomphe, tout comme Monsieur Propre. « Vous voyez bien qu'on ne peut plus avancer. Venez je vais m'excuser auprès de vous.

— Soit. Mais nous ne pourrons pas nous garer. »

Il faut croire que l'aventure m'amuse. A Saint-Philippe-du-Roule, je trouve une place, et même deux ! L'homme à la 404 ouvre ma portière tout en guignant mes jambes moulées dans un collant côtelé très amincissant et une mini-jupe-culotte assortie. Son sourire s'épanouit. Malgré son veston de tweed avachi et les poches aux genoux de son pantalon de flanelle, l'énergumène est appétissant. Nous nous asseyons à une terrasse et buvons des tonics. Je réagis la première : « Voilà le contractuel. Nous sommes bons, vous et moi, pour une contredanse.

— Mais non ! Laissez-moi faire. »

Prévenant le geste rituel, il parlemente et revient vers moi, triomphant : « Vous voyez, c'est tout simple.

— Donnez-moi votre truc, à moins qu'il ne soit breveté.

— Difficile pour vous : je lui ai dit que vous étiez divine, que j'étais amoureux de vous, ce qui, entre parenthèses, est vrai.

— Disons : vraisemblable.

— Et que je n'avais pas pu faire autrement que de vous coincer pour obtenir votre téléphone.

— Et voilà ! Vous m'étonnez. Les contractuels...

— Il m'a même félicité d'être aussi veinard. Vous voyez bien que les dieux sont avec nous.

— Si je comprends bien, vous me faites avouer que j'ai raison d'avoir tort. Cela peut mériter récompense.

— Donnez-moi votre téléphone. Ce soir, nous dînons ensemble. Pour moi, c'est le jour J.

— Ma modestie me fait supposer que notre rencontre un peu... brutale n'en est pas la seule cause.

— Vous avez tort. C'était fait d'emblée. Et après avoir vu vos jambes...

— Vous tombez mal, elles sont trop musclées. C'est l'ennui d'être sportive. Moi, je les trouve affreuses... Évidemment, vous auriez dit le deuxième orteil du pied gauche, cela aurait pu s'arranger, mais mes jambes, non! non! »

Sur ce, il embrasse mon index. « Faute de l'orteil, je garde l'homologue. Ce soir, je vais chercher ma thèse de doctorat. Je suis interne à Beaujon; enfin, je vais être médecin. Et vous êtes là, formidable, non? Tenez, je vais vous dédier ma thèse, et vous ne pourrez plus refuser.

— Doucement. Quel est donc le sujet de cette thèse?

— Les malformations de l'utérus! »

Le rire m'étouffe : « Mon utérus va très bien, merci, et moi aussi; mais comment résister à un cadeau aussi original? »

J'ai résisté jusqu'au... lendemain, et succombé sans déplaisir.

Il avait choisi un restaurant trop cher pour lui, une cave aux voûtes médiévales où nous dînions aux chandelles, avec choral de Bach, canard aux pêches et charlotte à l'ananas. Ça manquait de légèreté et lui allait bien. Jeune médecin d'une laborieuse lignée de petits-bourgeois, il avait du mérite et manquait de manières. Il suçait son couteau à fromage et le brandissait comme un glaive pour ponctuer ses déclarations. Je supporte difficilement le manque d'éducation, à table comme ailleurs, et n'hésite pas à me montrer pionne quand la tenue de tel ou tel me hérisse. « Franck, pour un chirurgien, le scalpel est irremplaçable, c'est vrai, mais pour un amoureux, le couteau doit-il être vraiment une arme offensive ? Vous me faites presque peur. Et si vous continuez, je vous prive de pousse-café », comme le dit un ancien ministre de mes amis.

Il sursauta et me lança : « Je n'ai pas eu de gouvernante anglaise, moi, mais cela ne m'empêchera pas de devenir un grand patron.

— Bien au contraire ! Le genre bourru favoriserait plutôt l'avancement à l'hôpital. Allons, vous êtes un bon gros ours, Franck — au moins jusqu'à preuve du contraire. »

La preuve me fut administrée à la manière d'un clystère. D'un jet, ou plutôt de deux. Mais n'anticipons pas. Il fut d'abord surpris par ma chambre noire et rouge où les posters alternent avec les Mathieu. Pour l'homme de science, c'était l'antre du diable. « Pour une baronne, vous n'êtes guère conventionnelle », s'exclama-t-il.

Lui, par contre, l'était. Il pliait ses vêtements au carré avant de s'épancher, et ses vingt-cinq printemps goulus faisaient leur office sans glose. Le style, ce n'était pas lui. Et ce grand corps massif qui serait bientôt épais était d'une timidité redoutable. « Je peux t'appeler chérie ? murmurait-il entre deux assauts.

— Cela n'ajoute rien, répliquai-je, péremptoire, mais fais ce que tu veux. »

J'étais dégoûtée par cette mécanique qui doit sembler, j'en suis sûre, paradisiaque à la majorité des quadragénaires. Pour moi, ce n'était guère que des vitamines A. Et encore, fallait-il les prendre sans bougies, et sans musique! J'en eus vite assez.

Deux autres, spécimens du même acabit sauvèrent le printemps de la monotonie. Je n'en veux citer qu'nn exemple. La trentaine, marié, père de famille, j'avais rencontré ce Gaëtan à une soirée hippie. Lionel venait d'être opéré de sa fameuse hernie, et je prévoyais, à tort, une période de jeûne.

Je revis donc Gaëtan[1], acteur en demi-chômage et businessman en puissance, au lendemain d'une nuit loufoque. Sa fantaisie s'était révélée dans des jeux qu'il improvisait avec brio; il était disponible, contre son gré peut-être, et divertissant.

Il entra chez moi, une curieuse rose sombre à la main, toute en tige, avec une fleur minuscule qui ressemblait à sa tête noire, vipérine, à l'extrémité d'un corps longiligne, tout en muscles. Bon animateur de clubs de vacances, il savait jouer de sa séduction en virtuose. Il anima mon corps par des caresses imprévues au creux des cuisses, le long des côtes.

D'une hygiène contestable, toujours vêtu de chandails,

1. I' Z' R Y Q

il exhalait une odeur plutôt malséante à froid, mais qui, en action, m'excitait. En sorte qu'il m'obligeait à m'inonder de « Miss Dior » pour atténuer les temps morts, rares il est vrai. Ceci dit, il n'appréciait qu'à moitié mon eau de toilette qui intriguait sa femme, peu habituée à ces effluves.

Je ne cherche jamais à rencontrer les épouses de mes amants d'une saison, mais je les trouve bien étranges, ces résignées si jeunes et souvent plus belles que moi, qui rengainent leur oiseau volage au retour de ses bonnes fortunes.

Gaëtan affirme que je suis de « celles qu'on prend dans ses bras ». Il a joué un petit rôle dans une pièce de Montherlant, d'où vient sans doute cette teinte de culture théâtrale. Mais, existe-t-il des femmes qui n'aspirent pas à être prises dans les bras ? Pour moi, oui, ce serait plutôt l'inverse, tant j'aime serrer les êtres forts, ne serait-ce que pour saisir cette essence dionysiaque qui s'échappe au gré des spasmes de l'amoureuse...

Hugues ! Je le rencontrai pour la première fois à l'aéroport d'Orly. Il était venu accompagner sa tante Inès, une spirituelle consœur, rayonnante et généreuse, avec qui je partais pour l'Afrique en reportage.

Il baisa ma main une seconde de trop — je contemplai sa silhouette racée un instant de plus qu'il n'eût fallu...

Dans le brouhaha du départ, nous n'avions pas échangé quatre phrases, mais il avait réussi à me glisser son admiration pour l'Ordinatrice — et son auteur! Je ne suis pas blasée; et sans doute ne le serai-je jamais : la ferveur d'un lecteur ne peut me laisser indifférente, surtout lorsqu'il ressemble à Hugues.

Dans l'avion, où nous étions trois journalistes amies, ce qui arrive, même dans une profession où la franc-maçonnerie n'est pas évidente, nous bavardâmes et chahutâmes avec entrain. « Dis-moi, Inès, tu m'avais caché le petit cousin. Il est à croquer, avec ses boucles noires et son cou de cygne à la Byron. Il ne devrait jamais porter de cravate, lui non plus.

— Il n'en porte guère. Quant à le croquer, il ne demande que cela. Il m'a fauché ton dernier livre et m'a posé des tas de questions sur toi. Il voulait même avoir une photo de l'Ordinatrice en maillot de bain...

— Et quand a-t-il formulé cette indécente demande, le bel enfant, avant, ou après m'avoir vue? La nuance est d'importance, non?

— Tu voudrais bien savoir qui, de la femme ou de l'écrivain, l'emporte?

— Je voudrais bien savoir à quoi m'en tenir, c'est tout. Alors, raconte...

— Il était amoureux avant de te connaître, à travers ton livre et mes propres récits; mais c'est à l'aérodrome qu'il a parlé de bikini. Conclus toi-même. »

Je chantonnai : « Si la photo est bonne... je le croquerai ! »

Une semaine plus tard, pour notre retour, il était à Orly. Désinvolte dans son blazer britannique, sa chemise azur ouverte sur son cou de victime expiatoire. J'ignore si on lui avait répété mon allusion littéraire, mais je sais qu'on n'est pas sérieux quand on a vingt ans et qu'il y a des amazones dans les aérogares...

Hugues se transforma en chauffeur de charme pour ces trois reporters aux pesantes valises. Naturellement il me déposa la dernière, à Neuilly, après m'avoir invitée à dîner. Mais pouvais-je décemment ne pas lui offrir le whisky de la gratitude avant de prendre ma douche ?

Certes, il n'est pas le premier à avoir aimé ma chambre rouge; mais il est si fragile. Fragile, curieux mot pour un homme, fragile, princier comme Gérard Philipe. Le scotch coule, Hugues est ému, et moi je suis presque intimidée par cette fragilité nouvelle : on dirait que le rêve musarde sans mordre.

Nous bavardons dans le désordre. Vautrée dans mon fauteuil, cigarette aux lèvres, je hume mon bien-être. Alors, il se love à mes pieds, et sans cesser de dévider des mots que je n'écoute plus, enlaçant mes chevilles, il les embrasse très lentement, l'une après l'autre. Un dernier rayon de soleil veinulé de rose par son flirt, le marronnier, court sur ses boucles où mes doigts mêlent des ombres...

Je glisse jusqu'à lui, et d'instinct il soupire le sésame : « Belle, je vis avec toi une histoire d'amour. »

Belle! Il avait trouvé le mot-clé qui m'avait foudroyée, lors de ma passion pour Arnaud. Le mot qui me rassure, celui dont l'absence fait naître l'angoisse. Belle! Nous roulons à même le sol, dévorant notre semaine d'attente. Hugues, je le savais, je le voulais, mais le vacarme de notre désir me surprend, m'étourdit jusqu'au petit matin où je m'éveille contre ce cou d'albâtre. D'emblée, il m'avait gagnée.

Oui, te contempler m'est une joie sans failles, bien que tu n'aies rien des mâles agressifs qui se disputent d'ordinaire ma couche.

Dans ta famille, on est svelte de père en fils, et « fine braguette » de surcroît; c'est toi qui m'en as fait la confidence avec ce petit air bravache qui m'attendrit. Ton frère, que tu as voulu me faire connaître, est du même modèle, mais sans doute ignorerai-je toujours jusqu'où votre ressemblance peut aller trop loin. Tu me suffis pour ta lignée.

Tu as ce don de t'émerveiller — ce qui, moi, par ricochet m'émerveille — des choses les plus simples : que je prépare un petit déjeuner pour deux ou beurre tes tartines te paraît prodigieux ! « Pourquoi donc, Belle, dis-tu, toi qu'il faut adorer à genoux, me sers-tu avec tant de gentillesse? Je me sens comme un pape avec toi, un peu honteux seulement d'être réveillé avec cette bonne odeur de pain grillé et de confitures d'abricots !

— Mais non, mon page, c'est le grille-pain qui te réveille. C'est plus prosaïque, mais le symbole demeure. Belle et Benjamin... sais-tu que tu me fais monter au nez des bouffées d'enfance, et moi qui n'aimais plus les sucreries, mères des pesantes graisses, voilà que reviennent en mémoire les croissants et les odeurs de la pâtisserie de Deauville où je goûtais si souvent... Et ce marché aux billes, où des agents de change de huit ans échappaient à leurs nurses pour s'essayer aux opérations boursières sur les « calots » multicolores, ces billes géantes que l'on échangeait contre les bâtons translucides des sucettes quadrangulaires de la Marquise de Sévigné ; sucettes au chocolat, à l'anis, à la framboise, qu'une Célimène de cinq ans prenait si grand soin d'assortir avec son pyjama de plage... Sucettes proustiennes qui me précipitent aujourd'hui dans un bain de Jouvence, un secret week-end de lit, de saumon froid, de baisers justes... »

Bagatelles, mais combien justes aussi.

Hugues, lui, ne cherche pas à comprendre son plaisir. Il le déguste à petites gorgées, comme un alcool trop fort. Et Barbara gémit toujours son spleen. Et nous jouons avec nos corps. Comme en une escalade à l'envers. Il progresse, je subis ; soudain, je suggère. Au plafond, les posters échangent leurs figures ; Brando chevauche Joan Baez, et le Che olympien devient Zeus. Et les jours se suivent, entrecoupés des visites, des rêves de mon élève.

Une fois, alors que je sors de mon bain, me drape comme une Poppée dans une immense serviette jaune, on sonne. « C'est moi, Belle. »

Ahurie, j'ouvre, et embrasse un Hugues frotté de frais, aussi tendre cependant que le Hugues nocturne. « Mais chéri, je ne t'attendais pas. J'ai un dîner professionnel. Qu'est-ce que tu fais là ? »

Il rentre dans sa coquille. « Mais, Belle, tu es sûre ?... Je croyais...

— Tu te trompes. Je dîne avec un journaliste canadien : émission en deux langues. Qu'est-ce que tu vas faire, mon petit page ?

— Eh bien, je vais... attendre. A moins que cela ne t'ennuie, Belle ?

— Non, ça ne m'ennuie pas, si c'est ce que tu veux dire. Je ne couche pas avec ce Canadien ; je ne l'ai même jamais vu. Nous ne nous sommes parlé qu'au téléphone : voix en velours frappé — danger ! »

Je suis méchante d'instinct pour le punir de me plaire, de vouloir me cerner. Mais j'ai envie de faire l'amour avec lui, encore. « Bon. Va dîner tranquille. Ensuite, tu iras voir un film, je serai rentrée à minuit, comme Cendrillon. Si le rôle du prince Charmant vous plaît, Messire, la nuit sera à nous. »

Le journaliste me fit les honneurs d'un restaurant

hindou, et la cour. Il m'offrit de ces galettes soufflées, euphorisantes au breakfast, et enregistra sans pause l'interview. A minuit cinq, j'étais chez moi, un peu ivre, à moitié amoureuse. Mon veilleur de nuit, un Russe blanc aux manières d'époque, me fit le traditionnel baisemain qui ouvre pour moi les portes de la nuit, et je lui murmurai : « Vladimir, un ami viendra ce soir. Mais il ignore l'entrée nocturne. Sans doute attend-il au portail principal : voulez-vous vous occuper de lui ? Moi, je monte. Bonne nuit. »

Et je pris l'ascenseur, détendue, en fredonnant :

Il avait presque vingt ans
Fallait, fallait voir
Sa gueule, c'était bouleversant
Fallait voir pour croire...

Il sonna, m'enlaça, et je vénérai une fois de plus un sexe longiligne auquel, naguère encore, je n'aurais pas pris garde.

Et les nuits, d'autres nuits, s'écoulèrent comme un rosaire de corail, égrenant goutte à goutte ses perles à mon ventre.

Et puis le temps passa. Vint l'ennui. L'amant, heureusement, se fit ami. Il coula d'autres heures sous d'autres ciels de lit. Et moi de même. Un jour, nous nous rencontrâmes, chacun accompagné, chez un homme politique. Embrassades de salon. « Alors, Hugues, toujours comme... un pape ?

— Toujours, Belle... Mais pas exactement comme avec toi. »

Ces derniers mots murmurés avec beaucoup de courtoisie. « Eh bien, disons... comme un évêque. Tu veux bien ? »

Il voulait, bien sûr, en toute ingratitude !

Les non de Nanon (MTVXE'S')
ou l'aristocratie au lit

« Il n'y a que deux sortes de femmes : déesse ou tapis-brosse. »

Picasso

Profil en lame de rasoir, costume noir et lunettes noires, défroqué ou clergyman, il impressionne. Peut-être même qu'il terrorise. Il s'avance lentement vers l'hôtesse qui se porte à sa rencontre... On dirait une scène de roman noir. Mais non ! Nanon s'empresse, Nanon que je connais à peine, suffisamment cependant pour savoir qu'il n'y a rien à découvrir en elle. Je lui ai fait l'amour, une fois, après un dîner de « Fochés » (entendre habitants de l'avenue Foch). Comme elle ne sait pas conduire, je l'ai raccompagnée : et la conclusion allait de soi. J'ai d'ailleurs apprécié les bleuets monarchiques de ses prunelles, ainsi que ses fossettes : deux piques dans ses joues de marquise de Watteau, les deux autres gardant l'accès de reins accueillants.

Un nom trop grand pour elle seule. Trop veuve, trop blonde, trop chaude. L'oreiller armorié et le roucoulement minuscule. Et le plaisir qui s'écoule en fontaine, clapotis, ponctué de ce « non » de petite fille bien élevée que ses lèvres descellées au Couvent des Oiseaux n'ont pas eu le loisir de désapprendre.

Docile Nanon, généreuse Nanon aux mains pleines de « non ». Au lit, elle se raconte, avant, après, et même pendant; car bien qu'elle n'ait pas encore trente ans, elle est très vieille. Elle chuchote avec des hoquets d'angoisse et des rires de femelle chatouillée — fouettée plutôt, car, d'emblée, j'ai trouvé la voie bouillante — vénerie oblige — de cette ci-devant des beaux quartiers. Son besoin de communion a pour centre de gravité deux pêches saumonées qui prolongent en fuseaux duvetés jusqu'au pubis leur blondeur authentique, tout comme ses quartiers de noblesse — « Branche cadette », susurre-t-elle, tandis que je patine équitablement ses rondeurs. Mais, agacée par tant de sottise mignarde, je réagis : une claque sur chaque fesse. Nanon cache sa tête dans l'oreiller brodé en glapissant des « non » frénétiques. Je suis lancée! Cette préciosité à réveillé en moi le Beaumarchais femelle qui sommeillait encore. Je l'enfourche donc, et tandis que mes cuisses pèsent sur cette chair de nymphe de Boucher, je l'apostrophe :

« Je t'en ficherai, moi, des branches cadettes! Une bonne fessée te fera du bien, Nanon. »

Et de rougir ses flancs qui sursautent au rythme de mon tempo. Ah! j'ai ri. Et puis : « Tu as des reins de reine. Un, deux, trois, c'est la valse de l'amour! — d'ailleurs, je vais te le faire, l'amour. Tu n'es bonne qu'à ça, mais très bonne, très très bonne...

— Non, non! pas encore. J'aime tant tes fessées. Surtout lorsque tu es vêtue de ton beau smoking. Tu me fais penser à feu mon père, quand il me corrigeait avant d'aller au cercle. Il était grand et noir comme toi, je devais lui baiser la main après la fessée et implorer son pardon avant d'aller au lit.

— Il avait la manière, le marquis! Très flattée de lui ressembler. Allez! Viens implorer ton pardon. A genoux. Voilà. Embrasse-moi maintenant. Pas la main seulement, petite bête. Ouvre mon pantalon. Attention à la glissière... »

Elle abaisse aussi le sous-vêtement et me baise. Mes manchettes de dentelle font une collerette à sa tête de mouton qu'elle appuie sur mon ventre jusqu'à ce qu'il rie. Et sa bouche dit juste, quand elle aime, elle qui parle haut et faux dans le monde.

Nanon s'adresse maintenant au terrible clergyman, auquel elle prodigue ses grâces surannées. « Un doigt de porto, mon cher, ou bien du champagne? Je n'aime pas du tout le whisky, mais si vous le préférez je puis sonner...

— Nanon, je suis certaine que Monsieur est trop britannique pour ne pas apprécier le taittinger autant que nous-mêmes. »

Il acquiesce d'un bref signe de tête. Je joue l'échansonne avant de parler de mon dernier séjour à Londres, de mes étonnements de Trafalgar Square à Carnaby Street devant les chapeaux mousquetaires des garçons et les mini-jupes sans frontières des filles. Il esquisse une grimace qui se voudrait probablement sourire, et daigne me répondre : « Nous aimons les contrastes, madame, et l'excentricité a toujours été la soupape de — comment dites-vous ? sûreté — sécurité de notre traditionalisme. Les hippies traduisent cela à leur manière colorée, mais nous, les plus vieux — pardonnez mon français — nous avons aussi nos manies, nos *hobbies*.

— Je n'en doute pas, mais, si je puis être indiscrète, puis-je demander quelques exemples de *hobbies* adultes ?

— Oh oui ! racontez, s'écrie Nanon. Ce sera très amusant. Je suis curieuse comme tout, moi aussi.

— C'est difficile à expliquer ainsi, avec des mots qui ne sont pas de mon langue...

— Langage.

— Merci. Mon langage. *Well.* Par exemple, nous sommes *very fond of*, comment appelle-t-on ces imperméables pour la pêche au saumon ?

— Des cirés ?

— Correct, des *cirrés.* »

Nanon éclate de son rire aigu. « Et alors, qu'est-ce que vous faites avec ces *cirrés ?*

— Je peux vous montrer. Naturellement, si vous possédez. Avez-vous ?

— Bien sûr. Je viens d'en acheter un pour la campagne. Je vais le chercher.

— Apportez aussi vos bottes de cheval, cela peut servir. N'est-ce pas, sir ? » ajoutai-je, mi-figue, mi-raisin.

Il hocha la tête, un peu surpris de ma rapide complicité. Nanon sortit, et s'attarda. L'Anglais se leva alors, s'approcha de moi, me prit par les épaules, et m'embrassa le cou sèchement. Je n'étais pas excitée, mais inquiète, fascinée plutôt par ces lunettes froides. L'homme avait beau me serrer contre lui, son corps restait mort. J'allais me sentir vexée quand le sexe britannique s'éveilla, se redressa, tout comme un coq gaulois. Je respirai mieux, rassurée. Pourtant, ma séduction n'y était pour rien, car c'était l'entrée de Nanon, bottée et sanglée dans un ciré noir digne d'une pierreuse 1925, col relevé sur minois capitonné, qui l'avait mis dans ce soudain état.

« Divine, vous êtes divine *darling* » — il me prenait à témoin et me triturait les épaules. Puis, sans ambiguïté, il banda. Moi aussi d'ailleurs. Il faut dire que l'apparition de notre aristocratique amie en fleur de la butte aurait poussé au viol plus paisible que moi.

D'un coup de reins, je me dégageai pour vérifier — *de tactu* — mon émotion. Mon ventre battait la chamade, Nanon me frôla, un serpent glacé m'enroulait sur le canapé, des lunettes volèrent. « Comment me trouvez-vous, tous les deux ? J'ai mauvais genre, non, quand je veux ?

— Exactement. Vous avez mauvais genre, répondit-il.

— Et c'est le genre que vous préférez pratiquer », ajoutai-je.

Sans réponse. Il caressait de ses deux paumes les bottes de notre belle des trottoirs, et moi je lui baisais les lèvres. Après nous entr'ouvrîmes l'armure de la poupée poudrée. Par quel miracle nos doigts vinrent-ils se fondre dans le sanctuaire ? Qu'importe ! Nous lui avons laissé son ciré afin de préserver l'énigme.

L'Anglais mima le crime crapuleux sans perdre un pouce de sa distinction. Peut-être un tantinet trop raide. Je feignais de protéger ma sœur d'élection des attaques de ce mâle en rupture d'île qui fraternisait avec fureur. De son complet Mayfair avaient surgi une fine cravache et un phallus de dimensions honnêtes. Et le festival des coups commença, ponctué des rumeurs sombres de notre trio. Ainsi, nous changions de peau, de sexe, de continent. Nous montions à cru : orgueil d'êtres libres.

La cravache trouait l'air, la chair chuchotait sa romance. Et puis la nuit changea de ton, l'épinette remplaça le sabre; mais toujours accordée aux grâces du XVIIIe siècle, la pendule aux amours de Nanon riait, riait...

S.A.R. le prince Stéphane
(EIOTWQ'D)

« *Lorsqu'il a un coup de soleil, l'aristocrate laisse percer le voyou.* »

Unamuno

Les titres m'ont toujours médusée; c'est qu'aussi ils m'amusent. Les cils d'hétaïre également. S.A.R. aux yeux glacier sertis dans une frange frisée de négrillon — que pouvais-je en espérer?

Je m'en suis tirée aux moindres dégâts, avec le seul déshonneur d'une fausse guerre. Grâces en soient donc rendues au prince Stéphane, *alias* Fiky.

Si je tisonne ma mémoire, je butte sur un prince italien désargenté dont le commerce intime à Buenos Aires me rapporta de notables secousses épidermiques, un double suicide à la Coppet, un poème romantico-bébête, et mon second divorce. Mais point d'autres altesses à l'orée de mon bois sacré où, en revanche, Messieurs les ducs font la haie.

Quand, après l'avoir entrevu à un dîner, je fis vraiment la connaissance du prince Stéphane au hasard d'un week-end dans l'une des plus seigneuriales demeures de la Loire, je me devais donc de succomber. Ordinatrice ou non, mon tiroir-gotha bâillait encore!

La quarantaine ravageuse, style athlète de la Côte, habile au matelas de plage et au volley-ball, Stéphane, que mon amie la belle duchesse de Valran traitait avec les égards dus à une Altesse royale, me fascina.

Toujours le premier servi, je ne pus cependant m'empêcher de noter qu'il manquait de simplicité en ne priant pas l'adorable et très authentique grande dame, notre hôtesse, de le traiter en invité normal. Mais si elle et moi en riions ensemble, lui et moi nous observions néanmoins avec un plaisir évident.

Placée à sa gauche, je commençai à pérorer, habitude nerveuse qui annonce immanquablement qu'un inconnu me paraît digne de figurer, sous peu, à mon inventaire. Harangue et insolence égalent, si j'ose dire, consommation prochaine. Mais lui parlait aussi : « Feu Mamouckza, la reine de Boravie, partageait mon goût de la musique, et lorsqu'elle a décédé *(sic)* j'ai composé au piano un « Concerto pour une Reine Défunte ». Hélas! je ne l'ai pas joué depuis longtemps.

— Mais vous allez l'exécuter après dîner, qu'en pensez-vous, Marie-Christine? Je ne suis, moi, qu'une mélomane d'occasion, mais notre hôtesse chante magnifiquement, et notre ami Gaëtan de Nouvies est un chef de musique de chambre inégalable. Jouez, Monseigneur, vous aurez un public digne de vous. »

Stéphane interpréta brillamment son concerto, puis réclama à boire et voulut féliciter le chef de l'excellence de son dîner.

Nous partîmes donc à la queue leu leu, altesse et hôtesse en tête, vers les cuisines où, très démocratiquement, nous « serrâmes la pince » de la valetaille rassemblée — et quelque peu effarée, il me semble. Le plus ému était sans doute Jérôme, le valet de chambre de feu Monsieur le Duc, un septuagénaire svelte et neigeux, admirable dans son habit noir et ses gants de filoselle. Il ressemblait trait pour trait à son auguste maître, avec, peut-être, un rien de gourme en trop. Mais n'est pas valet qui veut, surtout depuis Beaumarchais. Et les grandes familles ont pour corollaire intendants et subrécargues parfaitement assimilés, ressemblance incluse.

Après avoir joué les princes rouges avec fougue, Stéphane prit mon bras et me demanda ce que je pensais de sa musique, tout en affirmant qu'il passerait la nuit avec moi — c'est-à-dire avec mon dernier livre.

A galant, galant et demi, je lui rétorquai que je composerais un poème sur son concerto qui m'avait inspirée. Un baiser au clair de lune fournit le point d'orgue.

Le lendemain, il m'appelle à minuit, chez moi, pour m'inviter à dîner. Sa garçonnière, nichée dans un 6e étage du 16e arrondissement, n'a rien de royal. On s'y cogne partout. Des toiles en vrac sont d'une veine certaine. Un masque grimaçant évoque la bête humaine. Un drôle de poisson ironise sur la condition aquatique. Bal des illusions perdues... Surréaliste? Non, et même à peine réaliste pour l'auteur. — Impressionniste — vision, la souffrance est mon obsession — Un portrait de jeune fille trouée d'yeux noirs hagards. Brune et hautaine comme je l'étais à son âge. Je me dis que Fiky a de la suite dans ses préférences. Je lui dis mon admiration vraie, nous sommes bien. En confiance. Il me montre encore des toiles où les roses rouges ont la vedette, car mon pianiste végète plutôt mal que bien de sa peinture, et il lui faut faire de l'alimentaire. « Les fleurs, c'est encore ce qui se vend le mieux, dit-il ironiquement — surtout en cire! »

Naturellement, je m'attendris, et ce royal gaillard aux muscles prolétariens serre une Maud gémissante dans sa mansarde d'opérette.

Intermède — aux accents du *Pierrot Lunaire* — de courte durée. Banal.

Puis, surgit le burlesque. A onze heures, nous partons dîner à la Petite Tour dont il tutoie la patronne. Mais les libations de S.A.R. sont royales, elles aussi, et Elle ne tient pas le quart. Au troisième bouchon, j'apprends que je suis comme toutes les femmes, une putain, d'ailleurs on le lui avait dit, on l'avait mis en garde — mes bonnes amies, bien sûr — mais lui, généreux, ne l'avait pas cru, etc.

La patience n'est pas ma vertu cardinale, surtout quand les intermèdes sur canapé ne sont pas historiques.

Je me lève donc, et plante là, devant une salle goguenarde, l'Altesse et ses cadavres de bouteilles. « Voilà la seule compagnie qui vous convienne, Monseigneur ! » Et je lui tire ma révérence, avec une dignité d'autant plus appuyée que j'ai trop bu, moi aussi, et que la tête me tourne. Puis, je me détourne, sourde aux imprécations princières. La patronne s'approche alors, me supplie de rester. « Inutile d'insister, dis-je, olympienne, appelez un taxi pour ramener cet ivrogne chez lui. Moi, j'ai ma dose. Bonsoir. »

Exit Maud. Retour à Neuilly. Somnifère.

Téléphone ! Émergeant à grand-peine du sommeil, je décroche et entends la voix de la bistrote : « Je vous passe S.A.R. Elle ne veut pas partir sans vous avoir parlé. » Et aussitôt : « Maud, je vous en prie, c'est Fiky. Pardonnez-moi. Je suis malheureux sans vous, vous qui me comprenez. Si vous me laissez seul, je me fiche par la fenêtre.

— Eh bien, bon débarras ! Ce n'est sûrement pas moi qui vous regretterai. Laissez-moi dormir, Stéphane, et allez plutôt en faire autant, vous en avez bien besoin. »

Il sanglote ; le téléphone aussi. Excédée, je raccroche ;

pas mécontente, après tout, de son désarroi.

Le lendemain, car je suis bonne fille, il me préparait « goulash » de ses mains. C'était très bon. Il était humble et gentil. J'ai pardonné, bien sûr. Nous avons fait souvent ainsi « dînette », « amour », sans articles comme il dit. Et nous sommes beaucoup sortis. Outre qu'il se montrait prévenant, fier de moi, sa sculpturale élégance me semblait devoir ajouter un codicille à ma personnalité. Nous avons failli être heureux plus d'un soir de fête : je lui en suis reconnaissante. Je lui sais gré surtout d'un baptême, que voici.

Nous avions passé une charmante soirée bachique chez des amis à la campagne, et nous nous étions abondamment disputés car je devais écrire un article, et Stéphane, que j'avais véhiculé là, ne se décidait ni à partir, ni à me laisser aller seule. Mes imprécations véhémentes — bien que fort peu alexandrines, elles dépassent celles de Camille dans *Horace* — eurent enfin raison de son entêtement et nous filâmes vers Neuilly où il voulut encore m'offrir des huîtres avant mon pensum. Et, peu à peu, sa grâce eut raison de ma raison... Il dessinait mon visage étroit et buté, j'allais veiller une fois de plus à cause de ses fantaisies intemporelles. Il était inspiré cependant, son graphisme épurait mon profil ingrat, et nous nous embrassions entre deux belons et deux traits de crayon sur papier gaufré. Attendrie, la tenancière nous offrit même une deuxième bouteille de traminer. Je riais, je mélangeais

Fiky et Michel-Ange, les Médicis et les Sforza, il m'enivrait de Renaissance italienne et de vin blanc français. Il était grand... et je n'étais pas si petite!

Soudain, ce fut l'éclair : « Chérie, dit-il comme pour lui-même, tu es l'ordinatrice de mes plaisirs. » « L'ordinatrice », je restai songeuse — et l'on sait ce qu'il en advint.

Puis il décida de faire mon portrait. Et ce furent d'autres nuits blanches bercées de musique boravienne. Je dansais, amazone sans voile. Cigarette aux lèvres, il peignait, scandait, mon corps de sa fièvre. Nous buvions, nous faisions l'amour. Bizarrement, parallèlement si je puis dire, Narcisses insatisfaits, confrontant nos reflets repus.

Les nuits blanches embrouillèrent mes idées de fille du jour jusqu'au jour où je lui présentai mon fils, frappé à mon effigie, mais viril et blond. Stéphane explosa d'admiration, et disons de fraternité. Il nous offrit son dada du mois, le Mont-Saint-Michel, dessiné non sans verve d'ailleurs — ainsi dédicacé : « A Maud, à Éric, le cœur de Stéphane. » Il s'offrait au garçon, après avoir goûté la tendre mère. Dans l'extase d'une ressemblance, dans l'euphorie des similitudes...

Étais-je jalouse? Et duquel, je l'ignorais. Éric l'ignora aussi, qui n'est pas porté vers les raffinements homosexuels.

Enfin, le mois d'août s'acheva dans la confusion. Éric et moi partîmes pour la Grèce. Mais Stéphane ne fut pas oublié : Olympie, Delphes, les Météores, Athènes, nos deux prénoms oblitérés chantaient pour lui notre allégresse païenne. Et dans son lit, d'où il contemplait nos cartes postales, il m'avoua avoir confondu souvent Maud et Éric dans un désir quotidien. Nous nous réconciliâmes sous le signe de la Salamandre. Pour un temps.

Mais François Ier eût bien mieux fait mon bonheur, ai-je pensé plus d'une fois. Fiky était par trop Valois pour l'amazone; il penchait dangereusement vers Henri III. Or, je ne suis pas assez adroite au bilboquet.

J'ai donc passé la main, et garde, je l'espère, une royale amitié.

L'ex-Odéon

« *Pamphlétaires, orateurs violents, forcenés, qui vociférez, dites, ne sentez-vous jamais que tout homme qui crie est sur le point de faire semblant de crier ?* »

Paul Valéry

Pourquoi faudrait-il vivre les journées révolutionnaires sans prendre le pouls des enragés ? Et sans compter les battements de cœur de ceux qui ont choisi Mao, Lénine ou Castro pour guides, et que leurs vingt ans généreux ont joué aux dés ? Hélas ! les dés adolescents sont toujours pipés ; ils vont trébuchants du rouge soviétique au noir de l'anarchie, de pirates à galériens, de hisse-en-haut à gît-le-cœur...

Plus d'essence pour les adultes, plus d'espoir pour les capitalistes, c'est le jour J pour qui aime, à tournebride, les corps et les esprits mouvants, nouveaux.

Car il me paraît bien inactuel, ce reportage décoratif que je termine, tandis que montent de la rue les vagues politiques. Décidément, la fermette aux poutres rapportées n'est plus d'époque ; ses cretonnes rancissent, ses placards ingénieux ne sauveront pas les quarantaines sages des craquements, des désillusions.

Moi, je me moque bien des tiroirs tirés au cordeau. A l'aise dans leurs débordements, je suis perdue quand il m'arrive de discipliner leur chaleureuse incohérence. Je préfère de beaucoup partir avec Vinca pour l'Odéon.

J'ai beaucoup aimé d'amour Vinca, voici quinze ans. Et je l'aime toujours beaucoup — d'amitié. Un peu plus blonde, un tantinet moins rousse, des yeux qui brident : la mode Mao lui va comme un gant. Mais voilà, des gants, elle en porte. « Fi donc ! Vinca, enlève-moi ça, et aussi ces souliers à talons. Cela date, et nous date, du même coup. »

Nous descendons l'avenue George-V, après avoir dîné au Bistrot de Paris, une « boîte de tantes » où le nain Piéral nous a fait les honneurs dus à notre haute taille. Vinca se dégante, et sa patte froide aux ongles démesurés se blottit dans ma main solide. Harmonieuses, complices, nous nous sourions. Freine alors une voiture à caducée. « Où allez-vous ? demande un jeune toubib à lunettes.

— A l'Odéon, bien sûr, si tel est votre chemin. »

Il ne sourit qu'à moitié. Enfin : « Montez, j'ai de l'essence. »

Je murmure à l'oreille de Vinca : « Il n'en a pas pour ses malades, mais pour nous, le salaud », et je m'installe près de lui. « Vinca, dis-je encore, tu devrais changer de tenue, mettre ton ciré noir, tu fais trop riche dans ce manteau d'agneau de Mongolie, tu veux les rendre enragés ?

— Nous passons devant chez moi, docteur. Si vous avez cinq minutes, le temps que je me change, vous pourrez prendre un verre avec mon amie. »

Le médecin qui se nomme Oscar, mais n'a rien de wildien, ne se fait pas prier. Après tout, les autres peuvent attendre, il téléphonera...

Aux Invalides, dernier étage, la magie Louis XV l'éblouit. Mais, sait-il seulement que le luxe épouse Vinca comme le tulle la mariée ? Il cherche une attitude docte sans la trouver. Vinca serait-elle nue déjà dans sa chambre ? Il est de ce brun olivâtre dépourvu de gaieté. Il essaie de m'embrasser pourtant. Je laisse, indifférente, sa bouche chercher la mienne, mais son souffle empeste trop le tabac refroidi. « Ne vous fatiguez pas, docteur, dis-je, glaciale, les hommes me font l'effet d'un tranquillisant. A mon amie aussi d'ailleurs. »

Son regard avait bifurqué vers la garde-robe où Vinca se déguise. Maintenant, déçu mais courtois, il boit son scotch. A respectable distance, son haleine s'estompe ; et mon agressivité diminue. Nous échangeons des propos péremptoires sur la révolte des Facultés. « Nanterre est surexcitée, dit-il, comme en témoignent les extravagances et les excès de ce juif allemand bouffi de graisse qui porte bien son nom de Cohn-Bendit, ce con de bandit. Les sociologues et les lettrés...

— Ceux qui font lettres de tout bois, voulez-vous dire.

— Nagent dans l'anarchie, et même s'en réclament. Comment feront-ils de bons enseignants, car tel est leur principal débouché, s'ils n'acceptent ni le principe de l'examen, ni une certaine hiérarchie des valeurs ?

— L'enseignement n'est pas leur seule voie : les journalistes, les écrivains...

— Mais l'enseignement est sûr, alors que ces professions — comment dire ?

— Paralittéraires...

— Réclament des dons exceptionnels pour en vivre.

— Croyez-vous ? Sans avoir de ces qualités très remarquables, j'en vis fort gentiment, et sans envie. »

Il reste coi. Une forme noire, poudrée de frais, abolit notre pesante discussion. « Soif, soif, Maud, donne-moi à boire ! »

Ces mots, ces simples mots, épinglés au vol comme les notes d'un solo de jazz font tourbillonner le grand salon au-dessus de ma tête. Les pierres dures, quartz et autres, rosissent sa chair rousse, lacèrent le ciré par ses fentes. Ses bagues m'incisent de tous leurs feux. Les lampes baissent d'un ton. C'est le silence...

Ainsi, renaissent dix ans de passion souterraine qui n'ont que faire de la présence de l'homme quelconque.

Aussitôt, les gestes surgissent du vacarme des souvenirs. Mes seins gonflés hérissent avec complaisance leurs aréoles mauves. Vinca m'envahit doucement de ses parfums. Et si le benêt veut nous saisir, l'une et l'autre, à travers ses hublots, c'est en vain. Car il n'est qu'un nom, qu'un mâle, qu'une jouissance, qu'un passeport vers l'intemporel : Vinca!

Déjà je rampe vers deux fuseaux de miel échappés du drapeau noir et glacé de mon anarchiste, et les écarte de mes épaules de nageuse.

Ah! Vinca, t'envahir

Ma nonchalante perverse

Ma bienheureuse au ralenti

Mon rouget aux écailles de plaisir

Mon festin de fouet

Ma muse au babil d'orgeat

Ma trublionne

Mon sexe, mon joyau, mon joyeux présent, mon orgie, Vinca!

« Docteur, du feu, vite! » Je butinais son ventre, et elle réclamait une cigarette! Je me redressai comme un pantin, et giflai ses joues duvetées. Elle leva sa main au brillant jonquille pour se protéger, et me griffa au passage, volontairement ou non, de son bijou.

La fureur me prit. Les plantant là, je grimpai l'escalier de l'atelier quatre à quatre, courus tout droit au placard où je savais caché le martinet. Puis, je revins vers eux, dissimulant derrière mon dos l'instrument de son obéissance.

L'olivâtre essuyait les larmes de ma suave amie. Elle cria, mais sans nul espoir : « Non, chérie, pas devant lui !

— Au contraire, salope ! Prépare-toi. Je vais même te fesser jusqu'au sang si tu ne t'agenouilles pas immédiatement devant ce fauteuil. Le toubib va dégager ta croupe. J'attends. Je compte jusqu'à dix. Un, deux, trois...

Oscar avala son whisky à la russe et, lâchement, attira la punie entre ses cuisses où se tortillait son phallus. « Ouvre-le, et ouvre-toi. Je frapperai au plus tendre. »

Elle obéit, et commence la danse du martinet rose. Un, deux, trois, quatre, cinq, six, à l'intérieur des cuisses, sept, huit, neuf, les reins, les fesses — ses lèvres serrent le sexe en cadence, le mâle geint et ôte ses lunettes. J'ai envie de rire. Non ! On ne peut marier le rire et le spasme. Reprenons.

La vulgarité éclate, de ce visage tiraillé entre la jouissance et le dégoût de nos jeux de filles. La coiffe charmante de ma religieuse aux orties blanches balance son irrésistible sourire bicolore : l'œil noisette ocelle le mur de la cruauté. De gluantes flaques de goudron tachent le mur d'excréments, tandis que la prunelle lavande veinule le plafond de caresses virginales.

Ardeurs parallèles, incomplétudes femelles : de l'infini des corps aux jeux de l'esprit.

Ah! quelle file. Jamais, aux plus beaux jours de Barrault-Renaud, on n'a vu telle queue devant l'Odéon. Vinca et le bonhomme n'ont guère envie d'attendre; moi, je crie d'une voix tonnante : « Presse, camarades! » Et, miraculeusement, les rangs s'écartent. Un commissaire, sinon du peuple, du moins des étudiants, me facilite l'entrée du haut lieu de la contestation. J'y suis, j'y resterai!

Les axiomes révolutionnaires fleurissent partout. Le couvercle du théâtre bat pavillon noir. A nous deux, Paris! Ses révoltes, ses barricades, ses enragés. J'ai passionnément aimé la liberté. Je ne peux plus suivre, hélas! cette jeunesse qui veut vivre suivant des normes nouvelles, et, de préférence, sans normes du tout.

Je m'installe comme je peux au fond d'une loge où voisinent une douzaine de contestataires ou de curieux. L'odeur est difficile à supporter, mélange de cette moiteur de petite fille négligée et de l'eau de toilette populaire où l'œillet, toujours, domine. Je me mouche pour respirer une bouffée de Miss Dior, et, ragaillardie par son parfum, m'ouvre enfin aux revendications d'autrui.

Soudain, trouant le ronron des grévistes et autres maoïstes, une annonce insolite me tire de ma somnolence : « On demande la camarade Claude de Belleroche! » Même déformé, mon nom sonne bizarrement dans l'antre des trotskystes! C'est Vinca qui m'a fait demander. Je cherche son petit ciré, et finis par accrocher ses yeux bridés au fond de la salle, du noir chaudron plutôt. Elle sourit d'un air absent à son voisin; sa tête remue sans cesse. Comme toujours, elle porte des millions de bijoux. Mais sont-ce pour eux, ou pour moi, qu'elle s'inquiète?

Je souris, moi aussi, au sosie de Castro qui me jouxte, mais mon oreille s'agace au friselis d'une barbe noire avantageuse. Il est immense, pareil à ces chênes tricentenaires que Bon-Papa me faisait admirer en forêt de Fontainebleau. Or, je n'ai plus quatre ans, mais quarante-quatre! Pourtant, je me sens toute petite à côté de cet Arcimboldo de feu mon théâtre subventionné; mais ne serait-ce pas plutôt ce Bacchus de Vélasquez que les pampres couronnent de plaisir?...

Je me monte la tête jusqu'à la coupole. Ses doigts ont glissé jusqu'à mon sein gauche que, bien sûr, il empoigne. Virilement. Mon chandail tressaille. Ah! c'est bon, c'est chaud, la communauté. Fraternisons! camarade barbu.

Je me décalque doucement sur son corps et attire son autre main sur mon sein droit — toujours mes mauvaises habitudes réactionnaires!

Pour les spectateurs d'en face, ainsi gonflée de doigts, je dois réincarner Jayne Mansfield.

Mon sexe palpite comme une ouïe — pas étonnant,

avec cette senteur de marée normande! Mais oui ou non, ira-t-il jusqu'au spasme dont l'engrenage se précise de seconde en seconde? A peine ai-je formulé *in petto* ce vœu que sa main velue malmène mon slip sous la mini-jupe plissée. Il cherche, se trompe, d'un preste dandinement je me prête à ce jeu de cache-cache, voilà, il y est! La caresse hardie me fait haleter d'autant plus que son sexe est bloqué dans mes reins. Comme il est grand, ce révolutionnaire muet; quelle morale m'enseigne-t-il, négligeant ainsi le verbe?

Nous avons joui simultanément, mais c'est ma jupe qui le reçoit. Je balance entre la fureur et l'amusement, mais lui, déjà, m'écartant d'un geste aussi large que le lui permet notre inconfortable position, lève sa main humide et crie : « Camarades! je demande la parole... »

Ouf! Dehors! J'avais besoin d'air, sur-le-champ. L'Odéon me sort par tous les pores de la peau. Il me faudrait une douche drue et froide pour me laver de ce malaise qu'engendre toujours chez moi la confusion d'esprit. Je ne sais pas distinguer, en effet, mes sentiments de mes sensations. C'est une maladie congénitale dont je n'espère plus guérir. Le marquis de Maltavert, le plus tendrement moqueur de mes amis, répète volontiers à ses proches : « Maud est comme Napoléon III. Elle ne supporte pas le peuple. Elle déteste les bourgeois et méprise l'aristocratie. A part cela, elle aime tout le monde! »

Boutade ou non, ce qui demeure, c'est que j'aime exclusivement mes amis, à quelque classe qu'ils appartiennent. J'en ai pêché en eaux troubles au gré de mes désirs, et j'en ai rencontré d'autres, proches de mon esprit, au gré de mes travaux. Les uns et les autres m'agréent. *Grêle grelot, que mes amis sont beaux*... Et c'est à eux que je veux du bien, non à l'humanité tout entière. Ne me croyant pas porteuse de message, je prête du temps et de l'argent sans le moindre effort. Je suis aussi abominablement partiale.

Quant à la Révolution de mai, s'il faut prendre parti, je dirai ceci : je sympathise avec les enragés parce qu'ils sont jeunes, enthousiastes, désintéressés. Par instinct, j'adhère à tout élan vital, d'où qu'il vienne, dès l'instant qu'il fait montre de générosité. Je hais la bourgeoisie, ses petits calculs, ses dots, ses héritages, ses bondieuseries; elle sent le renfermé, le moisi. Mais je répugne à la vulgarité, à la paresse, à la saleté. Mes enragés, je les voudrais (idéalement!) tout aussi furieux, mais efficaces, constructifs et lavés. Qu'ils contestent la société bourgeoise, soit : elle est hideuse; mais qu'ils nous proposent une grande lessive dynamique! Et tant pis si, de tout ce brassage, ne sortent que des individus amputés de leur « moi », si c'est au bénéfice d'un meilleur « nous ».

La société capitaliste est ratée, ses représentants décriés à juste titre; mais qu'adviendrait-il si un Cohn-Bendit s'emparait du pouvoir? Un désordre démentiel qui, après une période euphorique, aboutirait sans doute au durcissement du dirigisme d'État — et qu'importe, hélas! le nom qu'il porte...

Mais voici que je m'égare, sorbonnarde, ou salonarde? Mieux vaut rentrer dans mon Neuilly capitaliste, au moins pour y dormir. Demain sera un autre jour...

Sans voiture, sans bus, sans métro, je marche gaillardement à travers ce Paris aux rives contradictoires. Il est trois heures, l'Odéon s'éloigne, les rues dorment sous une pluie fine. Je frissonne. Fatigue, ennui, l'interminable randonnée sous la bruine ne me tire pas les accents de Léon-Paul Fargue, tant il est vrai que je ne suis qu'une piétonne d'occasion, sans vocation de noctambule.

Une voiture me frôle, une Dauphine. Une Dauphine rue Dauphine, la nuit isole les associations d'idées les plus stupides. Je suis écœurée de moi et de tout ce gâchis. La Dauphine freine, le conducteur a plutôt une tête sympathique, des gants aussi, ce qui paraît brusquement incroyable à Paris, en mai 1968... « Puis-je vous rapprocher? Vous allez être trempée jusqu'aux os. »

Je n'hésite pas une seconde. Il va au Palais-Royal, ce qui me « rapprochera » toujours un peu. Nous fumons. Son profil aigu encadré d'épaisses boucles brunes ne manque pas de charme. Il se tient droit comme un if. Moi, je me tasse, savourant ce modeste bien-être. Puis, nous parlons. Il a vingt-neuf ans;

réalisateur à l'O.R.T.F., il est en grève, bien sûr. Il s'appelle Raphaël. Je me présente à mon tour. Par chance, il vient de lire *l'Ordinatrice.* Il aime. Je la trouve de plus en plus sympathique, cette Dauphine! Et le garçon me paraît maintenant très séduisant. Mais nous arrivons au Palais-Royal. « Où habitez-vous? demande-t-il tout à trac.

— A Neuilly, hélas! Vous n'avez sûrement pas assez d'essence.

— Je n'en ai pas beaucoup, en effet, mais je m'arrangerai. Je ne peux tout de même pas laisser l'Ordinatrice sous cette pluie! »

Il est vrai qu'elle redouble de violence. Alors, je m'incline...

Comment, dans ces conditions, aurais-je pu ne pas lui proposer le verre de whisky de l'amitié? Il accepte avec grand plaisir. Mais ce n'est que dans l'ascenseur que je découvre sa vérité. Mon chevalier servant, dont la tête est modelée par les Dieux, l'esprit cultivé par les Muses, a la taille de... Napoléon! Il ne dépasse pas le mètre soixante, et ses cheveux effleurent à peine mon menton de haute plante.

Voilà donc la raison de ce port altier dans la voiture! Jamais je n'ai couché avec un homme de petite taille, par simple souci d'esthétique d'ailleurs. Les couples à la Dubout me font plutôt rire, et l'on sait ce qu'il en est du rire dans le plaisir.

Enfin! Je fais contre mauvaise fortune bon cœur,

d'autant mieux que l'alcool n'engendre pas la mélancolie. Au contraire, il gomme momentanément la fatigue. Et me vient l'idée qu'ayant déjà affronté deux expériences sexuelles depuis le coucher du soleil, pourquoi ne pas achever la nuit avec une troisième ? Et puis, menu comme il est, me dis-je un peu naïvement, la chose doit être sans importance... Je me conteste moi-même.

Aussi, gai, gai ! embrassons-nous, mais pas debout, couchés : il faut équilibrer nos bouches ! En un tournemain, Raphaël est tout nu, et comme un feu follet, il virevolte de mes lèvres à mon sexe. La petite bête qui monte et qui descend. Diable ! sa virtuosité est telle que j'ai à peine le temps d'admirer ses proportions réduites mais ravissantes. Son ingéniosité n'est pas moins remarquable, son sexe non plus, dont bien des colosses crawleurs du Racing pourraient être envieux. Je suis honteusement passive sous des assauts répétés, presque saugrenus, moi, la géante au pays de Ganymède, et je rejoins d'un coup ma très petite enfance :

Mon père m'a donné un mari
Mon Dieu, quel homme
Quel petit homme !
Mon père m'a donné un mari
Mon Dieu, quel homme
Qu'il est petit...

Elle (EDVOJQ)

« Écrire et aimer sont les seules occupations originelles et ultimes. »

Abellio

Mon éditeur est épanoui. *L'Ordinatrice* monte en flèche. Les libraires me réclament (ce sont toujours eux qui ont le dernier mot). Les lecteurs m'adressent de surprenantes missives où le plus humble, le plus touchant, côtoie le plus libidineux. Je n'ai pas encore reçu une lettre si remarquablement érotique qu'elle pût m'inciter à la curiosité. Dommage... Il est vrai que n'est pas libertin qui veut, et que la vulgarité me glace.

Quant à la presse, l'une s'abstint de parler de moi, la bien-pensante, l'autre m'a bien aimée, celle qui fait fi des préjugés. Mais, précisons, il n'est pas mauvais d'éclairer un peu la perfidie parisienne.

Depuis plus de douze ans, Carmen Tessier raconte sur mes faits et gestes d'historienne et de conférencière des potins parfois drôles, jamais méchants. Donc, sur la foi de ces gentils échos rédigés par les astucieux collaborateurs de la Commère, je nous croyais au mieux. Erreur ! En ouvrant le *Journal du Dimanche*, j'apprends — et en quels termes ! — que mon dernier livre est sans intérêt, d'un érotisme puéril, etc. Certes, Carmen est dans son droit. Mais elle oublie que je ne cite aucun nom, moi. Et puis, ce curieux début d'une critique sans grâce : « Une dame que je ne connais pas... » Un conseil, chère Commère, lisez vos propres colonnes, et la mémoire vous reviendra.

Autre chose. Le P.-D.G. d'un important groupe de presse est mon voisin de table à un grand dîner. J'ai signé *l'Ordinatrice* la veille, et, pour une semaine, je suis ce qu'il est convenu d'appeler une femme à la mode. Sa cinquantaine est avenante, sa réussite visible, mon smoking lui plaît, et mon insolence envers la race ennuyeuse des produits préfabriqués de l'E.N.A. l'excite. Il me fait la cour et m'invite à déjeuner. Hélas ! ou heureusement, je pars le lendemain pour Saint-Tropez, et il lui faut différer l'invitation d'une dizaine de jours. D'ici là, il aura terminé mon livre, et *nous* entreprendrons une grande campagne de presse dans tous ses canards — c'est du moins ce qu'il affirme.

Sa femme, une belle personne blonde, s'irrite alors de notre aparté, et me lance : « Vous avez tout pour plaire à mon mari, il n'aime que les grandes brunes intellectuelles, le genre bas-bleu.

— Et néanmoins, il vous a épousée, chère madame. Il est vrai que vous êtes aussi grande que moi...

Va-t-elle se jeter sur moi, bijoux et regards foudroyants ? Non, elle tourne le dos et préfère ruminer sa vengeance.

A mon retour, le P.-D.G. qui avait eu tout loisir de réfléchir, s'empressa de se défiler. Ma réponse insolente et moqueuse l'étonna sans doute, car il n'est pas si courant qu'un écrivain de profession, qui a besoin de la presse, ne dise son fait à un grand patron.

Cela dit, j'étais donc interdite de séjour dans trois des miroirs les plus représentatifs de la bourgeoisie française. Certains journalistes tournèrent cependant l'ostracisme. Je leur en sais gré ; ils sont de bonne race, même s'ils attaquent, comme le virulent Philippe Bouvard, ou José Artur, le funambule. A mains nues, Messieurs, face à face. A l'auteur de se défendre.

Les femmes, elles, aimèrent cette *Ordinatrice.* D'Anne-Marie Cazalis, qui multiplia les aguichants carrés blancs dans *Elle*, à Valentine de Coin-Coin qui enchaîna gaillardement les lecteurs du *Canard.* Une autre consœur s'insinua, elle, dans les colonnes de mon esprit, jusqu'à la moelle épinière. Voici les faits. Un jour, mon éditeur m'apprend que Valérie veut faire un papier sur moi dans la revue X. Je dois l'appeler tout de suite. Je connais la revue, mais non la fille. Au téléphone, une voix endormie chuchote quelques vagues propos. Je choisis la Brasserie Lorraine, place des Ternes, où, en fin de matinée, le bar est tranquille.

Il pleut des cordes. Je suis bottée, imperméabilisée jusqu'au nez, enrhumée aussi, mais frondeuse. J'ai rendez-vous avec une inconnue ! Elle se présente parée de longues jambes déliées et de mains assorties, fardées gala. Son visage d'ombre, troué d'yeux battus, est nu. Elle m'observe, me jauge. Je ne suis pas en reste. Cette jeune personne aux airs saganesques qui se faufile astucieusement dans le dédale de mes pensées m'intéresse. Elle le sent, d'ailleurs, se détend, ouvre ses longues griffes, fourbit ses armes. A double tranchant. « Confession et érotisme, vous désiriez sans doute faire un best-seller ? »

Je me rebiffe : « Je ne sais pas si telle est la recette d'un best-seller, mais bien que je ne néglige pas l'argent, je n'ai jamais considéré mon bilan sentimental et sexuel comme une marchandise. Pour moi, les plaisirs sont choses graves. »

Nos regards s'affrontent. Pointillisme femelle.

L'interview est percutante. Mon interlocutrice reconstitue le puzzle de mon ego, et cherchant à me prendre en défaut, elle s'interroge sur mes contradictions. Match nul. Je devais revoir Valérie plusieurs fois.

Chez elle, sur la Butte, dans son cadre chaleureux de toiles audacieuses, elle était autre. Gazelle en tunique zébrée, bottée jusqu'à mi-cuisse, sa grâce aguichante me surprit. Elle plaidait la distinction bohème pour faire oublier les conventions de la première entrevue.

J'aime l'indiscrétion, quand elle se poudre de frais; et les joues de Valérie comme ses pourquoi étaient teintées de juvénile arrogance. J'entrai donc dans le jeu, mais je la voulais consentante, livrée plutôt que ravie, cette curieuse amazone aux assauts de plume.

Un soir, après un dîner fort joyeux, comme nous dégringolions les escaliers d'une mansarde, elle m'offrit un collier de coquillages qui avait appartenu à la reine Pomarée... Le symbole était tendre, je tentai de l'être aussi. Farouche, elle me repoussa, avec des termes vengeurs : « Je déteste le conventionnel; je n'irai certes pas prendre un dernier verre chez vous. Je vous ai donné ce collier parce qu'il vous ira mieux qu'à moi. C'est tout. »

Je n'insistai pas. J'avais un cavalier de service qui me laissait le corps paisible durant les soirées d'entractes amicales où je sortais en fille.

Et j'oubliai Valérie la trop subtile.

Elle, non. Et son invitation à dîner, chez elle, avec un travesti, me surprit comme une incongruité. « Vous ne sauriez vous contenter de ma présence, disait sa voix crépusculaire, j'ai donc « convoqué » un ingénieur de Grenoble qui est devenu volontairement une blonde capiteuse. Cela vous amusera peut-être ? »

Ce qui m'amusait plutôt chez ma sœur impérieuse, c'était le « convoqué », que j'utilise pour mes menus plaisirs quand il me plaît de leur fixer un début dont je connais la fin.

Contrairement à Vinca qui s'en moque, Valérie se préoccupe du palais de ses hôtes. Outre sa Marylin préfabriquée, elle nous offrit un gratin de homard d'une séduction extrême. Pour lui, c'est tout dire, j'eusse accepté l'enfer... Mais soudain, ce fut huis clos. Dominique, fils unique d'une mère pieuse, avait parfaitement rempli son contrat de bon élève, d'ingénieur d'une grande école provinciale, jusqu'au jour où, à la lumière d'une fête costumée, sa vraie nature de femelle sophistiquée avait eu tout loisir de s'exprimer. L'esthéticienne qui l'avait maquillé, l'avait, en fait convaincu de sa féminité. Et, depuis lors, Monsieur l'Ingénieur occupait ses dimanches à s'épiler, à se farder, à se décolleter, à s'admirer. Dominique garçon contemplait dans une chambre secrète de la banlieue grenobloise le reflet de Dominique fille, et s'en réjouissait. En solitaire.

Intriguée, pourtant, je questionnai cette belle créature : « Comment avez-vous pu réaliser une mutation aussi complète ? »

Il ou elle sourit. « Avec application. J'ai quitté ma mère pour venir subir à Paris un traitement d'épilation définitive et d'injections hormonales, et je me suis consacrée à la chanson. Avec un certain succès. »

L'androgyne, à l'appui de ses dires, nous interpréta plusieurs de ses compositions à la guitare — dont la plus convaincante était « le Chevalier d'Éon »! Ce ne fut cependant pas suffisant pour éclairer ma lanterne, et je ne saurai jamais si j'eus vraiment envie de l'hermaphrodite à la sensualité oscillante.

Dominique offrit de me reconduire (ma voiture avait disparu au cours de la Révolution de mai), et j'allais accepter, quand Valérie s'interposa brutalement : « J'ai besoin de prendre l'air. C'est moi qui raccompagne Maud. »

L'ingénieur-divette n'insista guère, sa situation hybride lui faisant un devoir de respecter les relations ambiguës d'autrui. Valérie m'avait très insolitement conditionnée, aussi me jetai-je sur elle dans sa minuscule voiture, et l'embrassai-je durement. Mais, je me gardai bien de lui offrir le dernier verre. Elle marqua un imperceptible temps d'arrêt, et s'en fut.

A huit heures du matin, elle me réveillait de sa voix ombreuse : « Maud, puis-je venir prendre le petit déjeuner avec vous ? J'apporte les croissants. » L'imprévu ne me surprend pas. Je saute du lit pour me rafraîchir la peau et l'esprit. Et déjà, elle est là, des immortelles plein les bras, les yeux battus de fièvre, gracieuse dans ses blue-jeans comme un poulbot en quête de friandises... Il n'y eut ni café, ni croissants, ce matin-là, mais deux corps qui oublièrent l'un contre l'autre l'hostilité des femmes entre elles.

Fille frêle aux seins en grappes, luisante de sueur enfantine, fille à la Modigliani, trouée de creux duvetés, ourlée de plaintes retenues, plante longiligne qui balance ses griffes baguées de fer et farde ma chair de rose. Blanche et grave, elle caresse comme on prie ; et moi, bronzée et rieuse, je l'envahis comme on chevauche une pouliche. Elle plie, la rétive, mais blasonne ma peau de plus belle à son chiffre, tandis que je la malmène suivant mon style volontiers brutal. Chez moi, l'athlète transparaît trop vite sous l'amante, et le goût de la performance perce sous la vigilance attentive de la maîtresse... Elle coule ses mystères à mon flanc, et je fleuris comme une dague.

Quiète enfin, j'embrasse ses phalanges pour la houle qu'elles ont inventée, quand, soudain, nous éclatons d'un rire de pensionnaires. La musique concrète qui accompagnait en relative sourdine depuis l'aube nos ébats, c'était la bétonnière du chantier d'en face !

Ceux qui m'écrivent

« *Mais quand tu me lisais, je te paraissais belle.* »

Sappho

Une Ordinatrice se doit de tout classer : les demandes d'argent comme les offres de service, de cœur ou d'esprit. A travers l'héroïne de mon livre, j'inspire des sentiments exagérés — donc insignifiants.

Dire que j'y suis insensible serait faux. Bien au contraire, ils me fascinent ces élans vers qui osa écrire le voyage au bout de ses quarante ans.

Mais qu'ai-je exprimé au juste, de préoccupations communes, moi qui suis si peu encline à la méditation ? Nymphomane ou narcissique selon l'heure, amazone attardée qui n'ose regarder trop loin, ni trop longtemps, en deçà ou en delà, libertine exigeante, infatigable curieuse, en quoi puis-je ressembler à ces femmes qui m'écrivent ? Si l'une prétend qu'elle ne serait pas très fière, si elle était un homme, d'avoir couché avec moi, ce qui me manque pas d'être ambigu, une autre regrette, et sans la moindre ambiguïté, que je n'aie pas eu l'idée de fonder des clubs de lesbiennes où les isolées de province pourraient rencontrer leurs sœurs. Une troisième dont l'humour me plaît, me fait remarquer qu'il manque à mon palmarès

« La reine d'Angleterre
Un clochard vieux, sale et laid
Quelques vierges rougissantes
Un moine cloîtré
Le sphinx
Et moi »

Mais surtout, il y a le courrier du deuxième rayon, « l'enfer » de ma correspondance, les « brouillons de culture » ! « Vous Maud, mon mythe, me fouetterez-vous un jour ? Non, bien sûr, ce serait trop beau pour moi parce que je suis une petite Française de... sans la moindre fortune pour vous offrir les plus belles fleurs, les fruits confits les plus fins, ou même une chambre d'ami avec salle de bains... » Certes, la charmante mériterait la récompense énergique après quoi elle soupire, mais elle vit trop loin pour que je puisse au moins m'assurer du physique. (Cependant, une phrase étonnante me laisse perplexe : « Je suis folle d'un type genre René d'« Histoire d'O », alors qu'il prétend que René ce serait plutôt moi » — l'être humain, décidément, est insondable.)

Les hommes ne sont pas en reste, depuis celui qui espère que ses six enfants me comprendront, afin de ne pas imiter leur père dont les yeux se sont dessillés trop tard, jusqu'à celui qui s'étonne bizarrement de nos soi-disant points communs : « Autant vous êtes virile, autant je suis féminin, et très peu « pédé » d'ailleurs. » D'autres sont tellement prolixes qu'il me faudrait une secrétaire pour lire leurs lettres, il est vrai qu'ils veulent voir en moi dans leur délire la « femme incarnée ». Par exemple : « Il faut absolument que je fasse votre connaissance, nous avons tellement de points communs *(c'est l'appât!)*. Je ne puis aller vers vous, ne serait-ce que les moyens; *(je respecte la syntaxe)* la différence qui existe en ce moment entre vous et moi. Tandis que vous, étant plus haut, vous pouvez descendre plus facilement *(habile, habile!)*. Oui, je sais, vous pourriez dire « Comment, ce minus, ce prétentieux, mais pour qui se prend-il, celui-là ? » Mais je vous sais au-dessus de ça *(trop habile!)*. sinon je ne vous écrirais pas cette lettre. Je le répète de toute force de mon âme, j'ai le désir intense de faire votre connaissance... » On croit rêver, bien sûr, surtout quand les missives sont agrémentées de menaces de suicide (mais depuis Eupalinos, je suis mithridatisée), de plans de chambres, d'indications d'heures pour n'être pas surpris (ô hypocrisie!), de photographies avantageuses. L'un de mes correspondants m'envoie même son portrait, à six mois, nu sur peau de bête mais je ne prends pas mes amants si jeunes, et si telle est la conséquence qu'il souhaiterait à d'hypothétiques rencontres d'alcôve, eh bien je dis oui à la pilule!

Cinecitta

« Le surmenage est l'hygiène des tempéraments puissants. »

Herriot

Un matin, arriva l'imprévisible. Au téléphone, une voix : « Maud de Belleroche? Ici Lerice. J'ai écrit sur vous un article époustouflant dans *Men.* Le metteur en scène Alessi a remarqué votre photo. Il vous offre le premier rôle de son prochain film.

— Je ne suis pas comédienne, et je ne trouve pas votre plaisanterie drôle. Merci pour l'article, que je n'ai jamais lu, du reste.

— Ne soyez pas sceptique! Je prends l'avion pour Rome. Le producteur vous appellera dès demain. »

Je raccrochai et oubliai le mauvais plaisant, persuadée

d'avoir affaire à l'un de ces curieux personnages qui m'importunent depuis la parution de mon livre. Mais le lendemain, les gargouillis caractéristiques des appels en provenance de l'étranger me plongèrent de nouveau dans le gouffre du cinéma. « Pronto ! Roma parla. Ne *lâchez* pas ! »

Un temps. Puis une voix décidée m'entraîne dans le rêve : Franco Cancellieri, le producteur qui a cru en Antonioni et financé *Le Cri*, m'offre un rôle dans sa prochaine production. « C'est un petit rôle de composition ? demandé-je.

— Ché cosa ? Un petit rôle, mais c'est la protagonista ! »

J'éclate de rire. C'est à peine si je peux répondre : « Mais je ne suis pas comédienne ! Je n'ai jamais joué de ma vie, et cela ne me tente absolument pas. » Et de rire encore.

« C'est un rôle de premier plan. J'ai lu *l'Ordinatrice*. J'ai vu votre photo dans *Men*. Vous êtes mon personnage, une lesbienne dominatrice, très femelle aussi, avec cet arrière-plan de mélancolie et d'intelligence...

— N'en jetez plus ! Envoyez-moi le script. Je pars pour la Bretagne, je le lirai au soleil, et vous répondrai à mon retour, samedi.

— Vous serez convaincue... »

Il ne doute de rien !

Séjour breton : réflexions. Je nage, je bronze, je grelotte en compagnie d'amis d'enfance dont l'âge mûr est diablement sportif. La quarantaine se porte bien en Armor, cette année, merci! Tous me poussent également à accepter, qui cet honneur, qui cette indignité. Et comme je n'ai jamais refusé une expérience, quoi qu'il pût en advenir, le samedi me voit signer mon arrêt de guignol.

Pendant sept semaines, j'échangerai Maud pour Mudy, j'affronterai les sunlights et les vingt ans fringants de mes partenaires.

J'arrive à Rome à midi, pour le bout d'essai. Producteur, metteur en scène et directeur de production m'attendent à l'aéroport. Un geste galant du *regista*[1] me touche : il m'offre un collier de coquillages tahitiens. « Bienvenue à Rome ! » ajoute-t-il, avec un sourire affectueux derrière ses lunettes-hublots. C'est gagné ! Mon trac s'envole.

Le Grand Hôtel de la Ville domine la Piazza di Spagna où des grappes de beatnicks hérissent leurs tignasses sympathiques et dorent leur crasse. Mon producteur — j'use déjà sans complexe du possessif à son égard — m'explique que cet hôtel, gracieusement désuet, est la résidence exclusive du petit monde de la pellicule. Pas — encore — contrariante, je me console donc de ne pas séjourner à l'Excelsior, et me conforme aux habitudes des initiés.

Je m'installe dans une suite gris Trianon, agrémentée d'une terrasse privée. Clara, qui porte dignement une

1. Metteur en scène.

soixantaine récente, s'empresse de défaire ma valise — je n'ai pas encore les 45 malles-cabines d'Elizabeth Taylor ! Je bavarde dans un italien approximatif, quand la femme de chambre s'exclame : « Mais Madame parle beaucoup mieux que Fernandel qui occupait l'appartement avant Madame. Le Signore ne savait dire que grazie ! »

Bêtement, je me rengorge, rêvant à mes lauriers de vedette... future. Tandis que le bain coule, le clapotis de l'eau rythme la valse des mirages : metteur en scène empressé, producteur attentif, Fernandel protecteur, tous se relaient pour m'assurer que j'ai déjà changé, que je suis en train de me métamorphoser en star... Et me reviennent les souvenirs d'enfance, les cours séchés à Jules-Ferry pour courir se plonger dans la magie des salles obscures, mes admirations pour Danielle Darrieux, Myrna Loy, Jean Harlow, Jeannette Mac Donald... Hélas ! ma bouche était plus large et moins ronde que celle de Danielle, mon nez retroussé n'avait pourtant pas l'esprit de celui de Myrna, mes cheveux raides et noirs n'avaient pas le centième du sex-appeal de ceux de Jean... Bref, il ne pouvait être question pour moi d'espoir en celluloïd — et voilà qu'il surgit, à l'âge où il serait parfaitement déraisonnable de croire à sa venue. C'est peut-être que je suis devenue une manière de symbole de liberté intime, simplement parce que j'ai osé me raconter sans fard, sans complexes. Monstre sacré à retardement, quelle drôle de chose, mais l'aventure m'a toujours tentée, et après mes frasques, mes palaces, mes prisons, mes punaises, aujourd'hui quelle revanche! Alors que je pourrais tout bonnement tricoter, voilà qu'on me lance sur le marché des rêves...

Je sors du bain; le réel n'est pas si mal, d'autant qu'il est pour lors pavé d'illusions. Mais que mettre pour dîner? Le smoking noir des dîners parisiens ne sera-t-il pas *overdress* à Rome? Et la petite robe trapèze de Courrèges ne semblera-t-elle pas trop architecturée, trop peu sexy?... Je tire nerveusement sur ma cigarette, et me décide finalement pour un ensemble sans griffe mais que j'aime : rose Schiaparelli, jupe en grosse soie brochée, et corsage ajusté qui descend suggestivement jusqu'à la pointe des hanches. Certes, je ne suis pas une minette, mais je ne ressemble à personne, et mon serpent mexicain qui s'enroule autour de mon bras bronzé peut être une troublante signature. A nous deux, Cinecitta!

Les gens de cinéma se pressent au bar à ciel ouvert, je fais appel à mon aisance de femme du monde pour les affronter, mais déjà Ottavio Alessi s'avance vers moi, et, d'emblée, je lui accorde ma confiance. Il chuchote dans un impeccable français où, seules, les finales chantent : « Madame, vous les aurez tous avec votre prestance et votre classe. Ne vous inquiétez pas, vous êtes exactement ma Mudy... »

Nous nous sourions, complices, mais mon cher

Ottavio scrute mon visage que le compliment a détendu, et s'inquiète : « Il n'y a qu'un ennui...

— Lequel ? Je commençais à entrer dans la peau de votre personnage.

— Vous faites trop jeune. Vous n'avez pas du tout l'air d'une femme de trente-neuf ans. »

J'éclate de rire. « Voilà bien la première fois que je regrette de ne pas paraître mon âge. Voulez-vous voir mon passeport...

— Non, non ! Vous me plaisez infiniment — comme actrice. Rassurez-vous, je ne mêle jamais vie professionnelle et vie privée. De plus, Franco (c'est le producteur) qui n'est pas prodigue d'éloges vous a trouvée fascinante.

— Le diable vous entende ! Quand ferons-nous le bout d'essai ?

— Demain, à dix heures, sur la terrasse Sud. »

Un dernier mot du Dottore Alessi me toucha : « Vous savez Mudy — vous me permettez de vous appeler ainsi ? — j'ai fait des moyens métrages sur l'histoire de l'art, mais c'est mon premier grand film, à moi aussi, alors courage, nous les aurons ! » Je sentis brusquement s'évanouir l'angoisse.

Malheureusement, elle allait réapparaître le lendemain. Qui d'entre nous n'a jamais rêvé aux bouts d'essai ? J'étais emportée dans un maelström où les visions baroques de von Stroheim se mêlaient aux développements oniriques de Fellini, aux palais de glaces d'Orson Wells... Images sans paroles, formes sans phrases, concerto de starlette quadragénaire — il fallait faire front aux fantômes et aux juges.

Mon dernier amant a vingt-cinq ans, et il me nomme Belle; je lui parle si bien : pourquoi alors cette langue de perroquet que le trac paralyse? Et ce hoquet de crainte dans l'attente du verdict? Parce que, sans doute, je cultive la lucidité comme d'autres les roses. Je suis profane, et *ils* le savent. Ma carcasse bien nourrie et bien-aimée est l'antithèse des sylphides de la pellicule. « Tanto piacere. » Je serre des mains à la ronde. On tourne sur-le-champ.

Le play-boy qui me sert de partenaire est debout devant moi. Il a trente ans et n'a encore fait carrière que dans la galanterie. Je reconnais cet œil professionnel qui pèse mes charmes à ma notoriété littéraire et mondaine. Sans doute est-il satisfait de ma cote, car il me baise la main, avec un rien de salive. Le courant ne passe pas. Le play-boy n'est qu'un limaçon de clair de lune. Mauvais début : je me sens potiche et godiche. « Il veut vous embrasser. Vous le laissez faire. Il insiste pour descendre dans votre cabine. Vous répliquez, en le giflant : la paix! les ordres, c'est moi qui les donne. » Ceci, en italien, que je parle très suffisamment pour commander une pasta sciutta, mais non pour donner la réplique à un mannequin prétentieux.

Une fois, deux fois, trois fois. Apprendre d'abord les règles d'or :

« Ne jamais tourner le dos à la caméra »
« Ne jamais faire de grands gestes »
« Ne pas se précipiter ».

Naturellement, j'ai commis les trois erreurs. Mon cœur se rétrécit. J'ai envie de me sauver comme cet affreux jour d'oral du bac où l'examinateur voulait à tout prix me faire résoudre une mystérieuse application d'un théorème débité de mémoire qui aurait bien dû lui suffire ! Mais stoïque, j'affronte la caméra ogresse, comme jadis j'étais restée devant le tableau noir, et, pour la seconde fois, le miracle se produit. Le quatrième essai est bon. Ouf ! Je suis engagée. J'ai la gueule de l'emploi : malfaisante ! Et dans l'emploi : je gueule ! Me voilà propulsée sans transition dans la planète vertigineuse des grands sentiments et des petits ennuis.

Le metteur en scène : un intellectuel, un poète — « comme vous », a-t-il la courtoisie d'ajouter. Il m'a voulue, adoptée, il respire la bonté, le désintéressement, il m'apprend tout. Cela me rassure, m'inquiète aussi : est-il bien fait pour me servir de mentor au milieu des loups ?

Le producteur : il m'a fait confiance — mais c'est son métier !

Les starlettes : trois minettes sur mon bateau. Rosalba, une rousse sportive et intégralement bronzée, ma maîtresse de cinéma, déjà remarquée dans les westerns italiens. De la culture, de l'élégance morale envers moi qui débute et qu'elle aidera dans les scènes où je devrai la torturer. Une fille sage et digne. Edwige, au contraire, est une dodue charmante qui joue les idiotes avec conviction. Tous les deux jours, elle s'amourache d'un nouvel acteur (par chance, sur le plateau voisin, on jouait un drame de la guerre du Pacifique). Éva, la troisième, blonde Suédoise férue de cinéma d'avant-garde, choisissait plutôt ses favoris parmi les valeurs affirmées. Elle réussira, cette ambitieuse qui, comme moi, entre deux prises de vue, étudiait la littérature italienne.

Cela dit, bien qu'elles fussent toutes les trois jeunes, ravissantes, et déjà expérimentées, et qu'elles eussent pu, de ce fait, m'écraser, aucune ne l'a fait. Cela mérite d'être souligné.

Quant au jeune premier (qui n'est pas le bellâtre des essais), frêle comme un insecte, il est marié à une actrice cultivée et sympathique qu'il trompe voluptueusement. Moi, je n'ai aucune propension à fréquenter le cimetière des Innocents. Les os sont trop piquants. J'ai peut-être tort.

Le pêcheur primitif est joué par un acteur de théâtre courtois et empressé, le plus distingué de tous, mais fâcheusement muni d'une barbe de huit jours qu'il lui faut entretenir professionnellement, et que l'on peut considérer comme une sorte d'interdit sexuel...

Mon « fils », lui, est un ravissant adolescent brun, bon comédien aussi, mais qui me donnerait l'impression d'être centenaire. Pour succomber pareillement, j'attendrai au moins de devenir une star !

Le vieux régisseur voûté, malgré la soixantaine passée, exprime toujours la joie de son métier. Premier levé, vers cinq heures, dernier couché... seul, il est admirable de conscience professionnelle. Ainsi que Liliane, la script, dont les yeux verts me couvent, et à qui j'apprends le français.

Marie, l'habilleuse, est devenue Mary par la grâce d'un producteur anglais. Pour elle, tout tourne autour de sa fille, son seul amour, une belle jeune femme dont elle regrette qu'elle n'ait pas fait carrière d'actrice, au lieu de se marier ! J'offre deux robes pour l'enfant chérie, et le cœur de Mary m'est ouvert aussitôt.

Anchise, le maquilleur, est le roi du « trucco ». Il me peinturlure avec délices, m'affuble de deux paires de faux cils qui me chatouillent, me poudre et me repoudre avant chaque scène avec sa « cipria ». L'une de ses jambes est raide, ce qui ne l'empêche pas de virevolter d'une actrice à l'autre avec désinvolture. Una, due, tre, n'est-ce pas lui qui frappe les trois coups ?

Et parmi la nuée des techniciens bourdonnante autour de nous, l'un d'eux, qui répond au grave prénom d'Othello, s'est déclaré mon esclave. A peine ai-je le plus minuscule frisson qu'il me jette son chandail sur les épaules. Et pendant la pause où chacun se précipite sur la pasta sciutta froide et indigeste, il m'offre son vin blanc. Et aussi ce merveilleux café italien qu'il apporte spécialement pour moi dans sa thermos — sans sucre, puisque j'ai des goûts barbares. J'ajoute que personne d'autre que lui n'a le droit d'allumer mes cigarettes. Othello! Ce jaloux!

Ce « héros » aussi. Car, lors du tournage de ma « mort », il m'a sauvé la vie. Assassinée par mon fils fou, je devais tomber, tête la première, de ma cabine de capitaine; au troisième essai, je ratai mon angle de chute et me serais écrasée sur le chambranle de la porte de la coursive si mon ange gardien n'avait été là, me rattrapant comme une plume!

Et pour en terminer avec ma galerie, voici Sandro, l'athlète grec, l'opérateur à la quarantaine avantageuse qui m'invite à de savoureux dîners, et m'explique dans son français approximatif (les autres n'ont pas besoin de comprendre!) que je suis divine, et que les dieux ont soif! Si je ne craignais de faire de la peine à mon metteur en scène qui, lui, soupire en silence devant les chassés-croisés, j'essaierais bien les talents de ce Jupiter qui ne craint pas d'affirmer qu'il est increvable. Mais ma méfiance s'éveille aussi : ou bien il se vante, ce gaillard, ou bien il dit vrai, et le cerne de mes yeux sans sommeil sera catastrophique pour l'amant redevenu opérateur. Alors, pourquoi se précipiter? Diable! deviendrais-je prudente?

Du côté de chez Lamick (HIBCVL) ou l'échec de Gobineau

« *Il n'y a de vie que dans la contradiction.* »

Lupasco

Nous étions une vingtaine de V.I.P. à la table de l'American Club de Tirrenia. Quand on tourne quatre films dans un même « stabilimento », la coutume, sinon la règle, est de fraterniser avec les responsables de la « pellicula » voisine. C'est d'autant plus facile que les rencontres d'un film à l'autre sont innombrables, depuis le matin, 6 h 30, où les traits sont encore bouffis de sommeil (on se cache !), jusqu'à 19 h, où le make-up remis vingt fois empâte les visages épuisés des athlètes du Septième Art. Entre-temps, il arrive qu'au sortir du douzième maquillage, palpitante de faux cils et d'ombres argentées, on vérifie sa séduction dans le regard des mâles, ou celui, brusquement jaloux, d'une consœur.

Quoi qu'il en soit, le sourire est de rigueur — surtout si l'on a envie de dévorer l'autre.

Ce soir-là, donc, à Tirrenia, le dîner n'en finissait pas. Déjà épuisée par la journée de tournage, je discutais mollement avec le metteur en scène d'un film de guerre, mi en italien, mi en américain, de questions cinématographiques avec lesquelles je ne suis toujours pas extrêmement familiarisée. Le dîner s'acheva enfin, les attractions commencèrent, et je me décidai à filer à l'anglaise.

A minuit, les rues sont noires à Tirrenia, et les cinq cents mètres qui séparaient le club du Continental Albergo n'étaient pas si rassurants. Ils l'étaient d'autant moins que j'entendais un pas rythmé, derrière moi, qui se rapprochait de plus en plus. J'accélérai sans me retourner, mais déjà l'ombre venait à ma hauteur. Le trac et la fatigue accumulés de ces derniers jours eurent raison de mon flegme habituel, et je sentis mon cœur battre la chamade. *It is dangerous to be alone, Madam, may I come with you to « our » hôtel?* Je ne voyais pas l'homme, mais son « *our* » me rassura quelque peu. Suis-je vraiment snob? Toujours est-il que, dans mon cerveau troublé par l'alcool et l'insomnie, un inconnu habitant mon palace n'était plus tout à fait un inconnu. J'optai donc pour l'optimisme : *All right*, *we'll go together*. Alors je vis que mon interlocuteur était noir.

Ma première impulsion fut de refus. Dans ma tête, tournoyaient des récits de viols et d'assassinats. Je continuai de marcher, mais j'étais en plein cauchemar. L'homme perçut-il mon angoisse ? Son grand pas se faisant plus bref pour s'accorder au mien, il dit, toujours en anglais : « Vous en avez assez, vous aussi, de leur soirée de famille. J'étais à côté de la femme d'un producteur qui m'a narré par le menu son dernier accouchement. Alors, dès que je vous ai vue filer, j'en ai fait autant. »

Je ne pus m'empêcher de sourire. Il sourit également, et ce fut un clair de lune dans cette masse sombre, le paysage et lui. Puis, il chantonna *Stranger in the night*, avec ce timbre envoûtant des gens de couleur, et je me réconciliai peu à peu avec les fantasmes de la nuit.

Je le laissai prendre mon coude, et nous allâmes ainsi, dansant plutôt que marchant, négligeant l'hôtel pour échouer dans l'une des nombreuses boîtes de l'étrange cité du cinéma.

Pour la première fois de ma vie, j'entrai dans un lieu public en compagnie d'un Noir. Et pourtant, moi la raciste, je n'étais pas gênée de ce reniement. Mon côté frondeur l'emportait, et menton haut, je franchis une haie de noctambules alcoolisés. J'avais bu, moi aussi, au Club, et je contemplais avec stupeur une

Maud inconnue qui dansait le blues dans les bras d'un athlète digne de la finale du 100 mètres, à Mexico. Il me désirait sans vaine pruderie, et moi, dont la chasteté déjà vieille d'une dure semaine de tournage m'étonnait, je me prêtais à ce jeu d'instincts et de hasards qui naît de la rencontre d'un partenaire inédit.

« C'est la continence, pensais-je pour me donner bonne conscience, car enfin j'ai parcouru le Congo ex-belge d'Albertville à Elisabethville, en passant par Stanleyville, pour conter et montrer Versailles à des milliers de Noirs dont pas un seul ne m'a troublée. Alors, pourquoi celui-ci me laisse-t-il pantelante? » Je me rebellai. « J'ai soif, dis-je, j'ai chaud. Arrêtons-nous. »

Il obéit, mais son regard se figea dans son visage construit à l'égyptienne où l'arête du nez nullement épaté zébrait mon esprit de lignes coupantes. « Voulez-vous de la vodka? demanda-t-il doucement. Moi, le soir, je ne prends jamais autre chose. »

La seule boisson qui m'ait jamais saoulée est précisément la vodka! Ce n'est pas moi qui ne l'aime pas, c'est plutôt elle qui me déteste. Je choisis néanmoins de renverser tous mes préjugés. Et le grand bras vint s'enrouler autour de mes épaules tandis que l'alcool ennemi m'envahissait d'une profonde brûlure.

Je fermai à demi les paupières, je savourai les caresses d'un python qui déroulait ses ondes de mes seins à mes hanches, les effleurant à peine de ses longs doigts mordorés où les ongles mauves piquaient des fleurs des îles. La vodka poivrée me transformait en nageuse de feu. Charmeuse de serpent ou fakir, qu'importe ? je ne m'appartenais plus. Ma nature initiale de masochiste reprenait le dessus : je voulais faire l'amour avec un nègre.

Nous regagnâmes l'hôtel, le portier me tendit la clé du 122, il donna celle du 238 à Lamick. Au Continental, « tout n'est qu'ordre et beauté, luxe calme et volupté ». Lamick me suivit dans ma chambre où mes colliers, mes photos, mes livres-fétiches toujours me réconfortent, et baisa classiquement ma bouche avec la simplicité antique des hommes de sa race ; puis, il me laissa passer dans la salle de bains où l'on entre parfois brodé de désir pour en ressortir noyé d'hygiène !

Las ! ma maladresse, qu'augmentaient l'abus de vodka et la hâte de terminer au plus vite l'opération propreté, me fit déraper sur le carreau tant et si bien que je vins heurter de la paupière le robinet-crosse du lavabo. Le choc fut si violent que je crus avoir l'œil crevé. Le sang giclait, je pris peur et appelai. Lamick accourut, me prit dans ses bras, m'allongea sur le lit et lava ma blessure à l'eau chaude. « Appelez un médecin et donnez-moi une glace », dis-je, reprenant mon ton naturellement impérieux.

Il me tendit le téléphone sans paraître vexé, et j'expliquai brièvement au portier mon accident — à trois heures du matin ! Lamick se rhabilla prestement et renouvela les applications d'eau chaude sur ma blessure. J'avais une entaille de plusieurs centimètres, et la hantise d'être défigurée pour longtemps — au moment où, précisément, les gros plans quotidiens trahissent la moindre imperfection ! J'étais effondrée. Mon compagnon, lui, me rassurait. Il m'allumait des cigarettes, m'apportait mon déshabillé, m'embrassait sur le front. Et, malgré mes tristes pensées, j'appréciais sa délicatesse.

Enfin, le médecin arriva. Il rapprocha les chairs, me lava à l'alcool, me pansa. Il m'assura que je ne resterais pas borgne, bien que j'eusse l'air pour l'instant de Filochard, mais m'avertit que mon œil pouvait enfler, et probablement passer par toutes les couleurs de l'arc-en-ciel. Perspective dramatique pour une actrice, surtout débutante ! Si je ne pouvais travailler pendant quatre jours, la production allait perdre des millions par ma faute ; or, je suis scrupuleuse — au moins sur ce plan. J'étais effondrée. Il me faudrait pourtant bien avertir le metteur en scène, dès son réveil, pour qu'il changeât son programme de tournage.

Lamick, le grand Lamick se faisait tout petit. Invisible, c'est le mot. Mais sa présence me réconfortait. Il était allé chercher un livre de poèmes et de sa voix grave de tragédien shakespearien il me les distillait dans les veines. Il lut ainsi quelque temps, mais comme il me caressait aussi et que je ne suis pas insensible, le livre finit par tomber du lit, remplacé par l'athlète au cœur tendre et au sexe dru.

J'ai aimé immédiatement l'amour avec cet homme de la nuit. Son rythme, ses dimensions, étaient impressionnants; et son instinct infaillible. Cependant, bouleversée par mon accident, je n'étais pas une partenaire bien enviable. Je suivais sa cadence, mais épuisée par trop d'émotions, je ne pouvais prendre aucune initiative. Après être restée de longues minutes au bord d'une jouissance dont je ne savais plus si je la retenais délibérément ou non, j'explosai enfin, l'homme s'effondra, et notre cri commun nous unit plus encore que l'étreinte. Ensuite, je lui demandai de me laisser dormir seule : j'avais besoin de repos. Le lendemain, c'était promis, nous irions visiter Florence.

Pantalon de velours rouge, chandail blanc, œil de corsaire, Maud la Borgne est prête pour le deuxième test de ses amours en technicolor. Pour la première fois, je vais voir Lamick en plein jour, non sans une certaine inquiétude. Mais il est chocolat clair, comme le Toutankhamon de la XVIIIe Dynastie dont j'ai rêvé, je l'avoue sans honte, plusieurs nuits consécutives. Moi, les Beaux-Arts me perdront! Mais, après tout, pourquoi les conférencières d'histoire de l'art ne deviendraient-elles pas, au lieu de ces vieilles filles refoulées aux grises habitudes, de voluptueuses bacchantes? Ce serait plus en harmonie avec leur sujet!

Lamick résiste parfaitement à l'épreuve de la lumière,

et il n'a pas remisé sa gentillesse. Je conduis ma MGB à tombeau ouvert sur l'autoroute Pise-Florence, la radio vocifère en français, en italien, et en anglais, en l'honneur de mon hôte qui abandonne négligemment sa main sur ma cuisse. C'est dimanche, je sens bondir en moi la joie de vivre, les ifs de Toscane se dressent sur les collines comme autant de sexes noirs, et le rose me monte aux joues.

Nous décidons de nous offrir un bain de lumière florentine avant de violer le seuil des Offices. Flânant le long de l'Arno au lourd flot de terre cuite, je l'entraîne jusqu'au Ponte Vecchio, ce front de guerre des Médicis, qui ordonne à gauche le Palais Pitti et le Fort du Belvédère avec toutes ses collines flirteuses, à droite le triomphe citadin de Michel-Ange et de Brunelleschi, brodé de coupoles et de campaniles. « Ah! Lamick, j'ai envie de réconcilier les contraires, de poser un piège à l'amour! » Il m'embrasse avec fougue. C'est sa seule réponse à mes divagations et à mes errances; mais elle me contente. Le partenaire n'est-il pas aussi simple prétexte à délires et délices? Et un Blanc, certes, ne m'eût pas mieux comprise; d'autant que la divine musculature de Lamick s'intégrait parfaitement dans mon horizon esthétique de l'heure. Michel-Ange écrivait bien de sublimes sonnets à son Cavallieri... Bien sûr, je ne suis pas Michel-Ange, mais toutes proportions gardées, je pouvais bien dédier à mon Jamaïcain mes strophes les plus lyriques.

Aux Offices, son sens inné du beau s'accorde à mes préférences, et parmi les voyeurs du dimanche, nous dansons la farandole des extases d'un Botticelli à l'autre. Soudain, la pression de ses doigts sur mon cou se fait pressante. « Chérie, dit-il, ils ne devraient pas être là, *eux...* » Ce *eux* s'adressait à deux malheureux gnomes grimaçants qui se délectaient aussi de primavera botticellienne. Un instant, j'hésite. La pitié va-t-elle l'emporter ? Non, j'ai peut-être lu Nietzsche trop jeune. *You are right. I want beauty anywhere. Only beauty.*

Et sans pitié, sans pitié, nous nous jetons dans un tourbillon de sensations : nous embrassant devant une Vierge de Filippo Lippi dont je n'ai pas, hélas ! — quoi qu'il en dise — le long cou, nous attendrissant pour un dessin de Vinci où la Toscane vibre de fragilité humaine; courant enfin à la grotte de Bacchus qui ouvre dans les jardins Boboli son antre baroque et superbe. Sages comme deux écoliers, nous écoutons le gardien-robot, puis, quand il se tait, Lamick soulève mon chandail pour palper le sein qui sommeille depuis le matin. Ce simple contact m'émeut, et je veux constater, moi aussi, que je puis troubler : le jeans de velours est si tendu que j'y appuie ma paume en retenant ma respiration. Désir contre désir, mon amant noir passe alors derrière moi, plaquant ses cuisses contre mes fesses, tandis que ses mains font durcir ma gorge. Ses caresses sont si électriques que la pierre s'aimante autour de nous. J'aurais aimé qu'il me prît là, sans plus attendre, devant cette foule qui bourdonnait tout près de notre abri; j'aurais voulu que la grotte se refermât sur nous, sur ce singulier enfer de jouir, partout et par tous, qui paradoxalement s'éternise dans le choix éphémère d'un seul objet; j'aurais voulu... Deux oiseaux noirs piquetés de rose voltigent vers la glissière de mon pantalon. Ils l'entre-bâillent, s'insinuent dans la fente; le brutal bat mes reins, l'abricot se déchire... Mon ventre saigne sa joie.

Des cloches sonnent, sonnent, sonnent, tandis que nous roulons hors du temps.

Il était deux heures, à Florence, ce jour-là.

Tran-hu-ho (E'F'H'YU')
ou l'abus de confiance

« *Siao-sin* » *(Rends ton cœur petit.)*
Proverbe chinois

Pendant trois semaines, j'ai conjugué le verbe aimer au masculin foncé. Mais les impératifs de l'actrice tempéraient les instincts déchaînés de l'amante. J'avais donc décidé qu'en amour, comme le poète mais pour d'autres buts, je préférais l'impair. Qu'on se rassure! Je veux dire que Lamick n'était autorisé à me prendre qu'un soir sur deux, l'autre étant consacré aux soins de mes cheveux et au sommeil solitaire. Mais même seule, je dormais trop peu, hélas! pour ma forme. Mon maquilleur, à qui je me plaignais d'être levée à six heures, et même à cinq, m'expliquait infatigablement que Sophia Loren, les jours de tournage, se levait à trois heures pour pouvoir se préparer sans hâte. Et quels préparatifs : masque d'herbes, lavage des cheveux, mise en plis, étirement des yeux en amande (procédé secret), maquillage de gala... Je ne protestais plus contre les exigences du régisseur, mais j'étais convaincue que je ne serais jamais assez sainte pour être star.

Lamick, qui tournait des jours entiers dans des marais, ne se ménageait guère, lui non plus. Comme sa coloration naturelle lui épargnait les artifices, il aurait pu ne se lever qu'à huit heures, mais non! au sortir de mes bras, ce sportif impénitent s'offrait le luxe d'un footing matinal d'une dizaine de kilomètres. « Pour me maintenir », disait-il. J'étais plutôt vexée de ne pas l'épuiser davantage. Mais il aurait fallu au moins un Jazy pour l'égaler sur son terrain d'entraînement préféré — je parle de la course à pied bien sûr.

Je ne supporte aucun esclavage. Pas plus celui de mes sens que celui de mes sentiments. J'avais un Noir dans la peau; il valait sexuellement dix blancs. Il me plaisait trop : il fallait mettre le holà!

Mais sur qui jeter mon dévolu? Les Italiens, dont je conserve de savoureux souvenirs, me cernaient de toutes parts — les journalistes en particulier qui sont un peu mes frères. Mais, paradoxalement, j'avais peur d'être déçue par des amants traditionnellement réputés imbattables. Ou peut-être avais-je envie de changer, une fois encore, de continent.

Le noir m'avait réussi. Mais le peau-rouge n'était pas représenté à Tirrenia. Le jaune, au contraire, figurait en bonne place au Palace des comédiens. Plusieurs fois déjà, j'avais croisé le groupe des Japonais du film *Uno posto nel' infierno* (« Une place en enfer ») et j'avais répondu par de sonores et rieurs « ciao » ou « bongiorno » à leur politesse orientale à répétition. Il m'était même arrivé d'accepter une cigarette et la carte de l'un d'entre eux lors d'un déjeuner express au studio. Relations de bon voisinage, sans plus.

Au jour dit pour ma rébellion, le hasard — il m'aime bien, il apprécie mes docilités successives — fit tomber dans le hall le texte de mon rôle aux pieds du Japonais si courtois qui le ramassa, me le tendit. Nous partîmes dîner aux environs.

C'était un soir pair, un soir sans Lamick. J'étais donc libre. Or, ce fut une veillée funèbre.

Mon Japonais s'appelait Tran-hu-ho, mais il était chinois. Pour moi, pauvre Gauloise, la différence était infime. Évidemment, citoyenne gaulienne, j'aurais dû me féliciter d'être ainsi dans la ligne; le malheur veut que je ne sois pas du tout une créature civique. Enfin, je m'en accommodai.

« Pourquoi jouez-vous le rôle d'un officier nippon? Cela doit vous sembler insupportable, vous qui êtes, si je ne m'abuse, aussi bêtement ennemis héréditaires que Français et Allemands ?

— Certes. Mais je suis d'abord un acteur, et pour vous autres, Occidentaux, rien ne ressemble autant à un Jaune qu'un autre Jaune, hélas ! »

Sa subtilité était près de m'attendrir. Et puis, Chinois ou japonais, qu'importe ! Il n'avait pas d'âge apparent, mais sa peau était tendue comme un tambour. Allions-nous y jouer une ritournelle ? Je commandai du riz, pour rien, pour me faire drôle. Malheureusement, mon Asiatique était amoureux, et l'adjectif « drôle » lui était apparemment inconnu. Il me parla de moi — ce qui m'enchante — de façon si verbeuse que je fus dégoûtée sur-le-champ de ses éloges et de lui. Bref, je m'ennuyais, la poésie était même exclue des silences, et le *gelato* final acheva de me réfrigérer.

Nous partîmes pour le Continental où la peur de rencontrer Lamick, qui me guettait souvent les jours « sans », me revigora, enfin. Beaucoup de femelles adorent craindre les représailles de leur Jules — surtout s'il en est un. La perspective de la rencontre entre les deux ennemis du film me mettait en joie. Je chantonnai et montai, directement dans la chambre jaune — qui n'était que bleue !

... J'avais beau m'appliquer à observer son tact, ses baisers sur mes doigts, mes reins, rien, rien ne bougeait en moi. Sa bouche aux lèvres d'insecte laissait ma bouche sur sa faim. Je me triturais la cervelle pour m'inventer des souvenirs de raffinements chinois, de supplices même, rien à faire, ce suppléant ne savait que supplier. « Maud, êtes-vous bien ? Est-ce assez tendre ? Faut-il plus haut ? Plus bas ? » Il me rappelait mon premier mari et ses hésitations envers la vierge que j'étais alors.

Mais l'eau et le reste avaient coulé depuis lors, et je me sentais sèche comme un désert d'Arabie. Ah oui ! Il restait encore cela à découvrir, l'Arabie ! (L'Arabie, et non ces Lawrence pédérastes qui m'étaient depuis longtemps familiers, amicaux et parallèles...)

Enfin, l'homme jaune fut en rut. J'écarquillai mes yeux frangés de cils-cinéma mais ne distinguai qu'un maigre appendice assez peu prometteur. Je fus d'ailleurs incapable de vérifier sa mise en place. L'adultère ainsi consommé *(sic)* me semble nul et non avenu. En désespoir de cause, je me laissai aller à ma nymphomanie habituelle. Que font les femmes qui ne sentent rien ? Elles extrapolent, elles imaginent, elles partent — comme un Christophe Colomb en délire, elles abordent les continents insolites, serrent les cuisses, rendent la main... En avant pour le trémolo de Tranhu-ho. Il n'empêche que je me retrouvai Gros-Jean comme devant. Et les tentatives pour me convaincre que l'envers vaut l'endroit n'aboutirent qu'à un simulacre de solfège... avec des si...

Je regagnai mon lit avant l'aube, convaincue de la supériorité sensorielle du monde noir.

Yves (CSTWV') et Sébastien (FLMSA'D)
ou l'erreur d'aiguillage

« *Le spermatozoïde est le bandit à l'état pur.* »
Cioran

Oubliée Rome, pour un temps, la vie parisienne reprend ses droits et dévide à nouveau son écheveau de plaisirs souvent plus convenus, souvent aussi plus sûrs.

Sébastien a fait Polytechnique, escaladé les Conseils d'Administration, bouleversé les études de marchés européens par une synthèse des méthodes américano-nippones, convolé avec un gracieux mannequin pour s'assurer une élégante lignée. Il est mon contemporain. Il a tout réussi. On s'aime bien, on se voit peu.

Les businessmen et les conférencières internationales

se rencontrent en effet moins souvent à Paris qu'à Orly — et quelquefois dans les « grandes machines » avec petits fours et huissiers, dans une quelconque capitale. Les ambassades ressemblent souvent à une salle des pas perdus.

On chuchote qu'il mène la dolce vita à grandes guides, ce qui, bien loin de me déplaire, m'inspire une vive sympathie. Parfois, on se téléphone, sans grands résultats. « Allô Maud. Gwendoline (c'est sa ravissante épouse) se décide à réunir des gens intelligents mardi prochain. Vous en êtes ?

— Hélas ! trois fois hélas ! Désolée, Sébastien, mardi je serai à Londres. »

On raccroche. On se rappellera.

Mais tout finit toujours par arriver. Nous allons passer le week-end en Orléanais, chez l'un de ses amis, Yves, un type bizarre qui écrit des scenarii et des essais politiques. Nous ne suivons certes pas le même parcours littéraire, mais il brûle de me connaître mieux. C'est fou, le nombre de garçons qui « brûlent de me connaître » depuis que je suis devenue l'Ordinatrice !

Sébastien m'enlève donc dans sa Mercedes où, comme n'importe quelle dinde, je me pavane. Soudain, un déclic : « Mais Sébastien, qu'avez-vous fait de Gwendoline ? Elle n'est pas malade ?

— Non, elle joue les mères de famille chez ses parents. Grand bien lui fasse ! Je devais partir avec ma maîtresse, mais nous nous sommes disputés. J'ai rompu. Cela vous ennuie tellement d'être seule avec moi ? Moi qui m'en faisais une joie !

— Mais pas du tout ! Je suis ravie. Un homme tel que vous, sans femme et sans maîtresse, c'est encore mieux. Il est certains êtres que leurs femmes diminuent : les très intelligents. Parlez-moi de votre rupture, puisque l'on dirait que cela vous tient à cœur, et puis nous causerons d'homme à homme, d'ordinateur à ordinatrice, si j'ose dire !

— Ma rupture tient en deux mots : elle étrennait une robe verte qui ne lui allait pas. Elle m'a demandé mon avis...

— Quelle imprudence ! Vous le lui avez donné...

— J'ai dit qu'elle ressemblait à une grenouille...

— Dans un bénitier !

— Tout à fait ça !

— Et puis, elle a boudé.

— En effet. Elle a boudé, pleuré, et je suis parti. Que voulez-vous : elle refusait de changer de bénitier !

— Elle a bien fait. De toute façon, vous auriez passé votre temps à vous engueuler. Mais vous voilà bien à cran, Sébastien, vous fâcher pour si peu, surtout si la créature était... du Bon Dieu sur canapé.

— Elle commençait à me coûter trop cher. Maud, vous qui gagnez brillamment votre vie, vous n'imaginez pas tout ce que réclament ces idiotes petites putains...

— Dites plutôt : filles de joie. Je déteste le mot

putain. Fille de joie fait tellement plus riche, Sébastien — pour rester dans votre ligne. Mais une fille pour la joie qui n'en donne plus est à bannir, là je vous suis.

— C'est ça, vous me comprenez. Ah! qu'il est bon d'être complices. »

Ce marivaudage sans conséquence se poursuit jusqu'aux Templiers, une auberge pour milliardaires. Sébastien sait composer un menu dionysiaque, je l'en félicite. Taittinger brut millésimé — je l'en récompenserai!

« Sébastien, dis-je rêveuse, je viens de faire une découverte.

— Dites vite, mon ange, je l'exploiterai sur-le-champ!

— Vous êtes terrible derrière vos lunettes. Tout mince, tout noir, tout mat. Moi qui n'aime pas les hommes à hublots, je vous trouve presque beau.

— Profitons de l'instant, Maud. Je vous avouerai que, malgré ma myopie, j'ai toujours été fasciné par votre séduction... »

Nous sommes repartis dans la Mercedds feutrée. Baisers voulus et non volés. Baisers adultes.

La lune d'été nous guide vers le château de l'hôte. Je lisse ma frange, rafraîchis ma nuque. Il faut affronter le cher confrère en beauté.

Bâtisse du Xe siècle — il y a du Foulques-le-noir, le Corbusier du Val de Loire, là-dessous, mais il ne subsiste que des lambeaux d'austérité médiévale. Un pont-levis crissant se révèle plutôt impropre aux carrosseries imposantes. Resserré, hérissé, méfiant, il se défend encore contre les invasions barbares. Je murmure à mon chauffeur : « Sébastien, nous allons recevoir de la poix brûlante sur la tête... » C'est l'hôte, venu à notre rencontre une torche à la main, qui me répond : « Pardonnez-moi, chère amie, cette maison n'est pas encore digne de vous. Mais je souhaite qu'elle le devienne. »

Je me rengorge, car je distingue un colombier d'époque, et le roucoulement m'est la chose la plus naturelle en ce lieu !

La salle des gardes, avec ses solides poutres, ses bahuts et ses coffres de corsaire, a l'accueil réservé. La bibliothèque, au contraire, ruisselle de bonnes manières. On y sent l'habitué de la Nationale sous les chaudes reliures et les documents classés, et la banquette en fer à cheval rassemble son monde autour d'une flambée.

Il y a là le frère d'un acteur célèbre, qui lui ressemble comme un jumeau, avec l'esprit, la classe, la simplicité de la vedette que j'ai connue en famille, à la Ferme d'Augustin, à Saint-Tropez. Sa compagne au regard de vouivre se repaît de lui. Vêtus de mohair, ils rayonnent de complicité ouatée. Ils sont beaux, ils n'ont pas soixante ans à eux deux — mais je m'égare... Sur horizon de feu, entre Sébastien le brun qui s'empresse, et Yves le blond, châtelain en leggings et gilet jaune, aux petits airs d'Eupalinos, qui me tend une mirabelle, je trône...

Nous parlons de Brasillach, l'idole de mon adolescence studieuse, le martyr que jamais je n'oublierai, et le poème sur les chaînes du condamné à mort écarte les murs, nous rend graves. Le disque souffre, lui aussi, comme s'il avait tourné trop souvent. J'écrase une larme. Jean-Loup l'insolent, mon premier amour, qui prenait des bains de soleil dans la cour de sa cellule pour être bronzé avant d'être fusillé... Ludovic, mon deuxième époux, réfugié politique à vie pour avoir voulu exister à sa guise... Robert Brasillach, leur ami à tous deux... Un ange passe. Mais brisons là. Je ne m'accepte pas mélancolique. Le gris ne me va pas au teint. J'ai envie de faire l'amour avec un homme, non avec des souvenirs.

Je me lève. Le couple prend congé. Sébastien m'enlace et décrète que « nous » serons très bien dans la chambre du fond : une immense pièce mansardée, éclairée à la bougie et séparée de la salle de bains par un corridor biscornu de vingt mètres!

Yves guette mon regard. Mon silence le déçoit-il? Cependant, il s'incline, baise ma main, et les deux hommes se disputent l'honneur et la corvée de monter ma valise. C'est Sébastien qui l'emporte. Je dispose mon déshabillé orange sur le lit et file vers les ablutions d'usage, non sans avoir fait remarquer à mon chevalier servant que de tels procédés d'aliénation de ma personne me paraissent un peu cavaliers. Il proteste de son désir... et de son innocence.

Sortant de la salle de bains, je me heurte à une ombre qui se jette sur ma bouche sans fard, et la détaille littéralement. « Sébastien ! Voyons ! Nous allons attraper une pneumonie dans ce couloir d'ancêtres, et je ne me vois pas en Dame aux Camélias.

— Mais Maud, ce n'est pas Sébastien, c'est Yves !... Qu'en pensez-vous ?

— Diable ! Votre château est hanté. Serais-je tombée dans l'antre du nouveau Barbe-Bleue ?

Il léchait encore mes joues débarbouillées de frais. Ses mains avaient déniché mes seins sous le pull-over et je sentais leurs pointes s'ériger en tourelles. Enfin, qui rejoindre ? Le financier, ou le châtelain ? Car il était hors de doute que, quel que fût mon choix, la nuit serait consacrée à l'amour. « Le droit de cuissage appartient de tradition au seigneur des lieux, dis-je, un peu rêveuse, ce soir donc, Yves, vous l'emportez ! »

Ce qu'il fait sans plus attendre, et je découvre une chambre aussi rouge que la mienne, dont l'érotisme doit m'être proche. Nous imaginons Sébastien, mon amant en puissance, et son impatience. Nous rions, plus cruels que méchants. Yves, Sébastien et moi pratiquons en effet ce libertinage délicieux où l'on préfère l'inattendu, le changement de partenaire, pour peu que le caprice s'y prête...

Parmi tous mes amants, Yves est sans conteste

celui qui a battu le record de durée sous les draps. Plus saphique que mes plus tendres amies, il s'insinue entre mes cuisses et butine éperdument. Ce n'est d'ailleurs pas que le comportement masculin lui soit interdit : il s'en acquitte loyalement — pour retourner bien vite à ses prédilections, disons sous-marines. Ainsi, m'a-t-il épuisée de savantes secousses. Et pourtant, son fragile aspect de Brummel ne symbolisait pas à mes yeux la virilité.

Enfin, pour obtenir un répit, je dus le brutaliser, cet insatiable visiteur de grottes ! Il jouait les esclaves avec grâce, et je n'ai pas détesté lui imposer ma volonté, lui dicter mes exigences. J'aimais parler en maître à cet intellectuel qui avait peut-être choisi la solitude sans téléphone de la campagne pour mieux goûter le paroxysme avec de belles visiteuses peu farouches.

Le matin nous trouva vagues et hébétés sous l'œil vif et malicieux de notre Sébastien à lunettes. « Vous m'en avez fait de belles, tous les deux, gronda-t-il en souriant.

— Oui, cher Sébastien, avouai-je, c'est vrai, mais nous avons beaucoup parlé de vous. Nous vous avons évoqué à chaque spasme — me pardonnerez-vous ? Ce n'est d'ailleurs qu'un léger retard... »

Yves, vexé, se rembrunit, tandis que Sébastien s'épanouissait au contraire. « Maud, vous me devez cette revanche. Savez-vous avec quoi je me suis consolé de votre abandon ?

— Avec un fantôme! Ici, cela s'impose.

— Presque. J'ai serré toute la nuit votre déshabillé orange. Je vous ai respirée... J'ai dormi avec lui, je l'ai revêtu, etc. »

Il n'acheva pas. Je souris, me rappelant qu'on m'avait affirmé que ce P.-D.G. de haute volée avait l'habitude de s'habiller en femme, certains jours, et qu'il présidait ses Conseils d'Administration avec des bas de soie noirs sous son impeccable costume Cardin. Nanon, la point si sotte Nanon, l'aurait même affublé parfois de fins escarpins, et l'un et l'autre se seraient livrés à des jeux de talons à aiguille. Qui piétine, qui est piétiné(e)... J'enchaînai : « Vous n'étiez donc pas floué, Sébastien. L'orange doit vous aller encore mieux qu'à moi. »

Yves éclata de rire, et je vis, ô horreur! que les dents du dandy qui m'avaient si bien croquée étaient jaunes de chrome. Je jurai, mais un peu tard, qu'on ne m'y prendrait plus!

La fête
ou la non-partouze

« *L'homme est un animal inconsolable et gai.* »
Jean Anouilh

« Il faut juger un homme à son enfer », écrit Marcel Arland. La Mi-Carême, où tout est licite, sera-t-elle donc le jour choisi pour le Jugement Dernier ? Les travestis s'y trahissent sans péril, la société approuve l'inversion de l'ordre des choses. Je suis conviée à une party dont le thème a de quoi me réjouir : filles en garçons, garçons en filles... Et c'est le singulier Sébastien qui reçoit.

L'idée de se travestir en donzelle amuse plutôt mon fils : pour un officier de carrière, on peut dire qu'il ne manque pas d'humour. Je reconnais bien là mon sang contestataire. Noël, mon jeune amant, rit. Je lui propose donc de nous accompagner. Et ces gaillards, dont le muscle est avantageux, et l'esprit soudain égrillard, d'implorer mes frusques les plus... féminines !

Je pare d'abord mon fils. Je n'ai pas l'esprit de famille, mais cet enfant-là est selon mon cœur. Un fourreau lamé argent lui fera office de mini-robe ; et la redingote de même métal sanglera mon bel indifférent. Sur ses cheveux brefs de militaire, ma perruque hippie de gala, sur son front un bandeau turquoise, aux bras deux bracelets mexicains d'esclave : le tour est joué !

Quant à Noël, je lui vois plutôt une robe de mousseline noire piquée de volubilis dorés — et voilà mon page métamorphosé en fleur géante. Couronné d'une perruque blond platine, sa bouche boudeuse soulignée de rose, c'est même une fleur carnivore. Moi, coiffée à la garçonne, je fais très petit Jules dans mon smoking noir, surtout flanqué de mes deux belles qui se dandinent en cadence par la faute d'escarpins trop petits !

Nous marchons ainsi avenue Montaigne, et les passants interloqués se retournent sur mes singulières gardes du corps. Il est vrai qu'à la Mi-Carême les gens convenables retournent plutôt des crêpes — et non des sexes !

Les adeptes du docteur Magnus Hirschfeld qui, au

début du siècle, fonda une association pour la défense des individus souffrant de comportements anormaux et de déviations sexuelles, n'ont pas l'air très nombreux; ou bien ce n'est pas leur jour de sortie! Quoi qu'il en soit, les quolibets nous laissent de glace.

Au quatrième étage d'un immeuble cossu, une soubrette, une vraie, nous ouvre la porte, non sans méfiance, sans trop chercher non plus à dissimuler sa réprobation. N'est pas qui veut valet de comédie, et les Conchita n'ont apparemment si bien grandi au sein de l'Église espagnole que pour savoir repasser, à merveille, nos chemises.

Au salon, Sébastien, ou plutôt Sébastienne frétille. Dans la rue, je ne l'aurais jamais reconnu avec son ensemble de vinyle blanc, son maquillage Carita, sa perruque auburn et ses seins arrogants. Mais son épouse, en pantalon de torero, n'a pas moins d'attrait. « J'ai des fesses de pédé! » avoue malicieusement ce gigolo-gigolette de fortune.

Une grosse bécassine en bas rouges me baise la main. Une éléphante oscille à côté de son époux de porcelaine, minuscule reproduction d'un gavroche des fortifs. Une bonne sœur viriloïde au visage buriné me fait voguer un instant sur des orties d'enfance... Vite! Un champagne-orange, et que la fête commence...

Une diseuse de bonne aventure, dont les tétons énormes et asymétriques me fascinent, me débite les fadaises de circonstance. Je résiste un instant, puis succombe à la tentation de tambouriner le buste de la saltimbanque. « Nicky de Saint-Phalle vous prendrait volontiers pour modèle de ses nanas, dis-je.

— Et moi, je la prendrais volontiers dans mes bras, » me répond la gitane à moustaches.

Les autres évoluent, la plupart très remarquablement « inversés », mais si j'excepte Éric et Noël, à l'aube de leur carrière sociale, et moi-même qui suis toujours survoltée, tous ces gens blasés, trop bien assis dans leur fortune, « ces cuirassiers du plaisir » s'ennuient. Pour leur plaire, il faut soigner leurs divertissements, comme on les soignait jadis à Versailles — et chacun sait que ceux des sens sont les plus rebelles à l'enthousiasme. Messieurs les P.-D.G. auraient-ils oublié le conseil de Démosthène : « Nous avons des épouses pour perpétuer notre nom, des concubines pour nous soigner, des courtisanes pour nous divertir. » Ils veulent à la fois des épouses-concubines-courtisanes. Et comme le cumul n'est pas suffisant, ils voudraient encore ajouter des suivantes d'occasion. Aussi, faute de résignation et d'ambition financière, ne me remarierai-je jamais, de crainte d'étrangler mon conjoint!

Pour l'heure, c'est dans les bras de la nonne que je rêve, évoquant de plus fraîches coiffes et ces baisers dérobés à l'adolescence, à la morale et à la religion. Puis dans ceux d'une souple créature en robe de soie noire, cliquetante de chaînettes dorées. Je m'exclame : « Mais Alioucha, vous n'êtes pas travestie!

— Mais si ! Cette nuit, j'ai décidé de m'habiller en femme ! »

Il faut dire que cette jolie fille dirige la boîte la plus exclusivement féminine de Paris !

Minuit. J'émigre en compagnie des maîtres de maison vers la salle de bains. « Une vraie piscine, Sébastienne ! Ou plutôt, des thermes à la romaine.

— Sans doute sommes-nous les seuls, à Paris, répond l'industriel dont la barbe commence à pointer sous le fond de teint, à pouvoir organiser confortablement une partouze dans notre salle de bains. »

Le terrain glisse. Mon bout de chou d'amant, exclusif comme on ne l'est qu'à vingt ans, montre sa frimousse inquiète et me prend la main. Tant pis ! Il est dit que ce soir, le décor est planté pour rien. Ce qui n'est d'ailleurs pas sans humour, car Sébastien-Sébastienne, marchand d'ordinateurs, avait soigneusement programmé sa fête. Trop bien, peut-être ! L'annonce trop tôt faite d'une entrée collective chez Castel à quatre heures du matin fut bien vite oubliée. Il est vrai que les hommes ne savent ni marcher avec des talons, ni s'asseoir en croisant gracieusement des jambes poilues. Aussi, après une brève descente aux enfers saphiques de la Microthèque joliment pavée des perverses intentions de Van Moppès, et malgré les grâces d'Alioucha, vers deux heures du matin chacun retrouve sa chacune, chacune étant redevenue chacun.

Noël (GACVT'V'L)
ou l'escalade de Benjamin

« *Si la jeunesse est niaise, c'est faute d'avoir été paresseuse.* »

Radiguet

Il n'a pas tout à fait vingt ans, et peut-être ne les aura-t-il jamais, tant il est blond et rose, ce gamin de Paris, en dépit d'une stature très J.O. (Jeux Olympiques, ou Jeunesse Ouvrière, comme on voudra).

Je le rencontre au vernissage de Louis de Wet, à la galerie 3 + 3, où les esthètes l'emportent haut la main sur les athlètes. Mais je bavarde d'abord avec le peintre, ce Dürer qui se serait trompé de siècle. L'homme est grave et hâbleur, courtois et insolent, comme je les aime. Ses fantasmes cependant, si talentueux soient-ils, me dépriment, et ses collections de femmes en esclavage m'inspirent plus de pitié pour lui que pour elles. C'est un type étrange. Mais pas pour moi. Nos quêtes divergent trop. Je le regarde... et je me garde. En revanche, c'est moi que l'enfant blond contemple plutôt que les toiles. La bousculade bigarrée nous jette l'un contre l'autre. « Pardon, dit-il. Je vous ai fait mal ? » Je ris. Comment le contact de ce Chérubin pourrait-il faire mal à une Messaline ? Il faut répondre. « Mal ? Non, bien sûr, vous m'avez fait frais. »

Son étonnement passionné m'enchante. Dans le bleu de lessive de son regard, j'ai soudain envie de m'ébattre. D'autant qu'il règne une chaleur de poix. Et qu'il fait soif. Les déesses et les anges ont soif, voilà ce qu'il faudrait lui dire. Certes, je suis une drôle de déesse, mais lui semble descendu d'un ciel de Murillo. Il a besoin de plomb dans l'aile, j'en jurerais.

C'est ainsi que la Rhumerie Martiniquaise nous accueille.

Saint-Germain-des-Prés est le seul quartier de la capitale où la présence de couples tels que le nôtre passe inaperçue. Ici, aucune servitude. Pas plus celle de l'âge que celle des classes. On est soi. On est entre soi. Le reste, on s'en fout. Je n'y ai jamais vécu, mais j'y ai toujours soigné une plate-bande de libertés. C'est mon refuge hebdomadaire. L'antidote de ma vie mondaine.

A la Rhumerie, le punch fait mouche. Au deuxième

verre, Chérubin s'explique. Il s'appelle Noël, et naturellement il conteste. Étudiant? Ouvrier? Il mélange tout. Je ne cherche d'ailleurs pas à comprendre. J'ai envie de sa jeunesse bonne à croquer, non de ses théories bredouillantes.

Son parler souvent impropre m'excite. Veut-il s'élever en abaissant les barrières sociales? Soit. Ce soir, je me sens l'âme fraternelle. « Mon enfant, mon frère... » je songe à la douceur de longer sa chair. Mais je m'irrite de ses maladresses, de son empressement à « se » satisfaire. Il va si vite que ma narration ne peut le suivre : car nous sommes déjà chez moi, à Neuilly, et la vélocité de ses instincts m'atterre. L'amour à la six-quatre-deux, même avec un demi-dieu, m'ennuie. C'est le bémol décroché quand on s'attendait au dièse; et j'ai le corps musical, les arpèges impérieux.

Vais-je lui enseigner l'art douloureux de l'attente, de l'*espère*... Il y faudrait sans doute beaucoup de patience. Cependant, j'essaie, je guide, j'ordonne. Mais lui n'en a cure et renouvelle ce qu'il croit — ah! la terrible bonne foi des maladroits — des prouesses. Je sombre enfin dans le sommeil et l'ennui d'avoir choisi — si mal — un si bel instrument.

Au matin, il se lève sans hâte, s'étire; s'attend-il à ce que je le retienne, ce recordman du baiser volé? Il perd son temps et je m'impatiente. Besoin de me retrouver seule, de travailler, de revoir les traductions de mon livre. Et puis, soudain, ma fureur fond. Cette silhouette haute, aux épaules larges, à la taille de fille, ce soleil qui le frise, cette bouche boudeuse qui m'implore. « Encore ? »

Et je suis bien, soudain, oui bien, parce qu'un tel moment existe, un moment dont je dispose à mon gré, parce que d'un tel adolescent je puis essayer de faire un amant — pour d'autres, mais qu'importe ? Il en est tant, de ces adolescents, qui rêvent de souffrir pour la première fois. Vais-je céder ? Non, c'est trop tard. Son heure a passé. Je contemple la chemise blanche et le regard bleu, presque mauve. « Non, vraiment. Tu es trop beau quand tu pars, mon amour... Tu redeviens Noël. »

Et comblée de son regret, j'ai regardé fuir l'enfance qui n'aspirait qu'à demeurer.

Et pourtant, malgré ma résolution de mettre un point final à un fiasco par trop stendhalien, Noël est revenu. Contre quoi m'a-t-il échangée ? Contre Hong-Kong — c'est tout simple ! En fait, il m'a eue au sentiment, le bambino émotif.

Richard, mon vieil ami d'enfance, l'a rencontré à la veille de son départ pour l'Asie. Comme je suis indiscrète, et qu'un échec m'a toujours semblé plus comique que tragique, je lui avais raconté en riant le peu fameux coup d'essai de l'angelot. L'amour comme une partie de tennis, soit. Encore faut-il marquer le point, de temps à autre.

Et Richard, cruel comme un quadragénaire envers un tendron, lui avait demandé hypocritement : « Dis-moi, Noël, si tu avais à choisir entre Hong-Kong et un nouvel essai avec la baronne, que choisirais-tu ?

— Une nouvelle nuit avec elle, bien sûr.

Richard s'était empressé de me répéter le propos ô combien flatteur, et j'avais cédé au doux langage de la vanité comblée. On ne s'adresse jamais impunément à mon amour-propre : au fond, je suis une faible qui ne s'ignore pas.

Bout-de-chou fut donc là, une longue rose sombre au bout des doigts, un sourire bleuet au coin des yeux, un aplomb tout neuf aux lèvres. J'ouvris la porte à son enthousiasme de néophyte, moi, le vétéran, qui ne demandais qu'à être ragaillardie par cette ardeur. D'autant que je me sentais encline à l'indulgence des bons jours. Une nuit avec moi était donc plus cotée en bourse juvénile qu'un voyage à Hong-Kong... On s'attendrit comme on peut. Moi, je m'amollissais déjà de plaisir.

Il vint. Ferme. Brutal même. Balayant les complexes dans une tempête de rugissements. L'écho remplissait ma chambre rouge de rumeurs sans fards. Peu importaient alors ses maladresses verbales : « Tu sais, je ne connais pas une fille de vingt ans qui ait un corps aussi superbe que le tien. » Oh ! c'était mieux que rien, ce compliment à double tranchant — car je savais depuis longtemps le deuxième volet de sa proposition admirative : quant à la tête, elle est celle d'une femme de quarante ans qui a été belle, il n'y a pas si longtemps !

Et puis zut ! pour les réflexions moroses. La nuit est longue, longue, et c'est la plus chaude de décembre puisqu'il n'a pas vingt ans et qu'il me trouve superbe.

Alors, jouissons ! Jouissons, mon petit garçon de porcelaine. Jouissons ensemble. Je t'apprends à me plaire et à me caresser. Je t'apprends les lèvres, le ventre, le gouffre, la rosée. Bois, bois au calice de ta maîtresse. Bois à la coupe sacrée de l'Ève éternelle, à la santé de celles qui suivront, de toutes celles que tu honoreras en mémoire d'elle...

Ah ! ma joie, ma fièvre, ma fierté, mon mystère qui vient d'éclore. Jamais ma bouche ne sera assez belle pour t'adorer et te prier encore, mon plaisir ; mais l'autre bouche connaît ta force neuve et ta ferveur...

Sur ses fesses dures, je claque alors mes paumes avec vigueur. « Comment diable as-tu pu te montrer si piteux et si pataud l'autre nuit ? Tu dois être puni, petit sot, pour n'avoir pas su goûter ton privilège. Je vais t'administrer la fessée que mérite ton incompétence. Une fessée de maîtresse qui libère sa fureur d'avoir été frustrée — un avertissement stimulant. »

Frapper m'est synonyme de passion physique, et si Nietzsche affirmait qu'il faut prendre un fouet pour aller chez les femmes, j'inverse, moi, preuves à l'appui, sa proposition. Car il y a, chez la plupart des garçons amoureux, un masochiste qui sommeille et n'aspire qu'à souffrir dans sa chair pour aimer davantage.

Mais l'art de celle à qui cet « élan du cœur » s'adresse est de savoir jusqu'où elle peut aller trop fort. Les vertus aphrodisiaques de la discipline sont certes incontestables — de savoureuses confessions religieuses, voilées ou non, en témoignent à travers les siècles — l'excès de douleur, cependant, me paraît refouler la volupté, la reléguer au magasin des désaxés. Sentir sous le fouet battre son sang plus vite — mais éviter de le répandre à tort et à travers : question d'esthétique.

Il est de tradition de dévorer après l'amour des nourritures terrestres, mon jeune loup ne fait pas exception à cette règle du bien-aimer. Battu, brisé, mais non repu, il savoure sa tarte aux pommes et se raconte, la bouche pleine. Qu'importent les mauvaises manières ! Après tout, je ne suis pas sa mère, bien que j'en aie l'âge. Vivent plutôt les étudiants ! Écoutons la chanson bien douce de celui-ci, son inventaire : « Quand je t'ai quittée pour aller à la Fac, j'étais salement désespéré. Je baissais la tête dans le couloir sans voir autre chose que le bout de mes chaussures. J'arrive à l'ascenseur, je lève le nez, je bute sur deux croque-morts qui trimbalaient un cercueil. Terrible ! Ça m'a fait un de ces chocs ! C'est ça, les coïncidences. Je voyais tout en deuil, le pauvre type dans sa boîte à larmes, la famille qui suivait, moi et mon ratage, toi méprisante et glacée, « la longue dame brune » de

Barbara, qui te va pourtant si bien, « noir c'est noir », quoi!... » Le tout débité sur un ton d'enfant gavé de plaisirs tout neufs, avec une moue de cinéma qui me paraît si burlesque que j'éclate de rire.

Lui, superbement nu, son gâteau à la main, se demande si je ne me moque pas de ses mésaventures. Mais non! Et rassuré sur mon fou rire, il pouffe à son tour, se jette sur moi, me lance au visage un baiser barbouillé de sucre qui s'achève en un nouvel assaut passionné et poisseux.

Je ne dirai jamais plus qu'il ne faut pas mélanger les genres : fesses zébrées de rose, bouche étourdie, toison noire. Mais c'est que la violence m'est de plus en plus nécessaire, celle des coups, celle des mots plus encore. Je ne sais rien de plus crucifiant qu'une phrase sèche décochée en plein délire : elle marque au fer rouge. Certes, elle éteint ce qui est tiède, mais elle ravive aussi ce qui s'étire en mollesse. Et sans doute est-ce pour cela que, chaque été, mes partenaires ont un printemps de moins. Ces jeunes lions conviés à des fêtes superbes, ne doivent-ils pas subir quelques sévices? Escalader au service de la volupté des tabourets successifs où les mène la dompteuse, au gré des hardiesses du fouet? Franchir des cerceaux de feu sous la houlette de la passion, et puis, soudain, voir fondre la récompense? Fatale! La tête au repos de l'initiatrice dans la gueule du favori — à lui de croquer alors, s'il le peut.

La fleur de l'âge

« *Il ne faut jamais être en deuil de son avenir.* »
Bachelard

« Chaque nuit doit avoir son menu », affirmait Balzac, non sans malice. J'ai partagé dès mon enfance ses convictions, sans éluder ses conseils. Et j'ai vécu bien des nuits de bon sommeil paysan, n'usant de ces « poupées » à la mode qu'au cours d'une pénible convalescence de jambe cassée : la hantise d'une mutilation évitée par miracle justifiait, pour un temps, ces Imménoctal, Supponeryl, et autres poisons de la volonté. Mais sitôt rétablie, j'ai descendu — prudemment — la Vallée Blanche à skis, et repris des amants au lieu et place de médecines.

N'importe quelle anecdote d'amour peut et doit devenir source de joies, pour peu que l'on s'attache à la transcender, à en susciter les délices. Éviter l'amour en le faisant, c'est en prendre les avantages sans payer son tribut, si arbitraire soit-il.

Une amazone combat à visage découvert. Qu'elle souffre une ou plusieurs défaites amoureuses lors de ces jeunes joutes, qu'elle souffre et pleure, et prie ou supplie — une fois, passe encore. Mais qu'elle récidive à la petite semaine comme la majorité de mes belles amies dont l'objet de jouissance hebdomadaire est transformé automatiquement en « homme de ma vie » — non ! je m'insurge.

Le sexe est le cerveau de l'instinct féminin, et une créature dépourvue de sexe me paraît bien pauvre en énergie vitale. La caresse fait briller notre peau comme une ambre solaire ! — la caresse, et bien d'autres choses que je ne saurais dire en toute « honesteté ». Ne suis-je pas la guerrière quadragénaire à la cuirasse d'amour tout en muscles ? « On sait bien qu'un corps de bonne qualité dure longtemps » reste l'axiome de toutes les Léa en veine de Chéri.

Et avec l'homme qui n'aura vingt ans que le 21 mars prochain, précisément, je me sens diablement jeune. J'affectionne les coïncidences comme d'autres les vertus ou les pierres dures. Cette bouffée de fraîcheur me drogue. Je la respire, je la bois. Je collectionne ses mots; j'en choisis les perles blondes, et j'y verse tout l'Orient des contes aux quatre cents coups.

Auprès de ce gamin qui fait mes nuits juteuses, je m'émeus et je m'amuse. Et rien ne vaut, pour déguster Miles Davis, d'être vautrée sur un lit, une tête embroussaillée de mèches blondes rythmant le « Concerto d'Aranjuez » sur mon ventre.

Qu'est-ce donc qui rend ma quête si ardente? D'autres, bien avant lui, m'ont offert des jouissances plus complètes, plus raffinées aussi... Mais les siennes, c'est moi qui les lui ai enseignées. Là est la clé de notre réussite; et du trouble qui accompagne chacune de nos étreintes.

Avant moi, il ignorait le prix des mots qui violent, le goût des baisers — qu'ils soient français, italiens ou anglais — qui dispensent leur suc sous toutes les latitudes.

Avant moi, il ignorait le joug d'une amazone dont la tendresse voisine avec la cravache. Il ne connaissait d'autres étreintes que celles, inachevées, avec des fillettes au cinéma, des minettes en Sorbonne. Et les garçons ne lui disaient rien. Il était donc disponible pour une grande passion; et je fus là, avec mon « auréole » d'amoureuse! Il pouvait plus mal tomber. Je le lui ai dit sans complexe, et nous avons ri de ce bon rire de gosse qui fait grimper les larmes aux yeux et se rouler par terre. « Tu ne seras jamais une grande personne », me dit-il. Quel plus délicat compliment ?

Non, je ne suis pas une grande personne, quoi qu'en pensent les calendriers, puisque mes curiosités, ma gaieté, ma spontanéité, mon enthousiasme sont intacts. Mais j'ai aussi mon côté « pionne ». Je rabâche des conseils de rigueur, de diplômes, de lectures — avec un succès inégal.

J'ai aidé Hervé à passer victorieusement des tests de culture générale. J'ai au moins appris à Lionel l'art moderne et les vieilles pierres. Et j'ai même essayé d'initier Franck, le médecin borné, aux bonnes manières. Quant à Hugues, qui jonglait avec cette culture brillante et superficielle qu'une éducation familiale et un sens inné du beau avaient développée, je lui ai fait découvrir un certain Tout-Paris que, provincial de souche, il ignorait.

Avec Noël, c'est la littérature contemporaine que nous disséquons. Il veut tout tout de suite, Sartre et Peyrefitte, Sagan et Camus. Ce sont des dieux, croit-il, dont le commerce n'a pas de prix. Il n'en a pas d'ailleurs. J'ajoute que cette boulimie littéraire pourrait donc me rassurer, s'il en était besoin, sur ses sentiments à mon égard : ma récente notoriété me pare à ses yeux d'une grâce — ineffable !

A tous ces jeunes loups, en définitive, je crois que j'ai appris la femme : ni vulgaire, ni bête, ni intéressée, ni bobonne, ni veule, ni bourgeoise, ni pleurnicharde, ni passive — en éveil.

En les aimant et en me montrant à eux plus nue que nue, mais non désarmée, je les ai préparés à leur avenir d'homme. J'ai suggéré des recherches pour l'amant de futures Diane... et j'y ai trouvé mon compte.

Et les femmes ? Vinca et Nanon ont trouvé bon d'être dominées et attachées à mon char — sans doute ne les perdrai-je jamais tout à fait — mais Valérie, qui m'est plus sœur encore qu'amante, aussi par l'expression très personnelle de son érotisme, existait très bien avant moi ; j'espère seulement lui avoir offert un iota de plus.

« La chair n'attend raison. » Shakespeare n'eut point tort d'en convenir de très simple façon, et je n'aurais garde de trahir un « penser » de si loin et si haut venus en offrant à ma chair encore beaucoup de déraison.

Et puis...

« Être heureux c'est une vertu et la plus puissante des vertus. »

Gobineau

« On n'aime en définitive que ses penchants, et non ce vers quoi on penche » ? Nietzsche m'a soufflé cette ligne de conduite résolument égocentrique dès mon adolescence...

— Et tu l'as adoptée avec une sécheresse qui fait craindre une grave malformation cardiaque.

— Ne vivons-nous pas à l'heure du professeur Barnard ? Si mon cœur se révélait trop dangereusement atteint, j'espère qu'il pourrait être remplacé, lui aussi, par un organe tout neuf...

— Tu ne prends rien au sérieux, ni le progrès, ni la science...

— Surtout pas la science ! Ce qui m'intéresserait, vois-tu, ce serait plutôt les conséquences des transplantations sur le comportement amoureux du héros.

— Que veux-tu dire ?

— Ceci, que la gloire a justement auréolé le professeur Barnard mais bouleversé son style de vie. Au sommet de l'actualité, il s'est mis à danser tendrement avec Gina Lollobrigida ou Sopha Loren, à oublier sa légitime épouse dans ses bagages, à multiplier les conférences de presse, à présenter son meilleur profil aux photographes...

— Pouvait-il éviter ces servitudes de la célébrité ?

— Là n'est pas la question. Je ne dis pas qu'il les recherchait, bien sûr, je dis qu'il les savourait.

— Soit. Et alors ?

— Et alors, une simple notoriété, la simple conscience d'avoir tenté et réussi quelque chose dans un quelconque domaine, aboutit inévitablement à l'engrenage égotiste de l'euphorie.

— Disons plutôt : au contentement alcyonien. Mais parlons plutôt de toi.

— D'autant plus volontiers que tu connais mon péché : aucun sujet ne m'a jamais passionnée davantage ! Pour moi qui suis latine, avec une goutte de sang espagnol, vivre c'est toréer : épouser par la pensée et par l'acte les instincts de mes partenaires que j'aime d'amour — le temps d'une corrida ! Car c'est le rituel que j'aime, qui ne saurait s'autoriser aucune dérogation.

L'amour ainsi compris, où il s'agit de deviner « l'adversaire », c'est plus qu'un jeu, un art : atteindre à une parfaite quiétude intérieure qui permet le développement harmonieux dans sa violence des différentes phases du combat; revêtir d'un sens profond — les Espagnols disent *hondo* — le drame de la *faena*, cet affrontement de puissance à puissance; puis, dès la victoire acquise, oublier tout pour se donner avec une fougue neuve au prochain engagement.

— Engagement de courte durée! Tu n'aimes ta victime que l'instant d'un assaut...

— C'est que je n'ai de sens que de l'instant, donc du mythe...

— Quel mythe?

— L'ambiguïté de la condition humaine qui suppose et justifie le sacrifice.

— Hum! Transfigurant les passions en prétextes, ne crains-tu pas de devenir mythe toi-même?

— Pourquoi pas? Je n'ai pas de complexes : déesse ou non de l'Olympe, je sais bien que l'on n'a jamais que les servants que l'on suscite. Pourquoi mes partenaires de ces deux dernières années se ressemblent-ils comme des mouches? Parce que l'ogresse apprécie les viandes roses et les jeunes garçons — tu vois, c'est tout simple.

— Tout n'est que jeu pour toi...

— Eh oui! Ne t'en déplaise... Un soir de camping normand, alors qu'il grillait des saucisses sous la lune,

Hervé a déclaré que j'étais une fleur carnivore. Pourquoi ne pratiquerais-je pas les jeux de bouche et d'esprit pour lesquels je suis faite ?

— O déterminisme ! Mais pourquoi pas, en effet.

— Ces jeux, d'ailleurs, ne sont-ils pas sublimes ? Car il n'y a pas que la corrida, il y a aussi la vénerie. A Venise, au campo San Polo, les deux, jadis, étaient mêlées ; les chiens, la meute, élément essentiel de la chasse à courre, remplaçant les picadors.

— Je m'étonne que tu ne fasses pas allusion au rituel de l'habit, chez le matador comme chez le veneur et l'amant.

— C'est vrai : il importe de se vêtir du costume de lumière qui éclate comme un défi à la grisaille du quotidien. Il faut se parer pour la Fête, et tout combat est rehaussé par les préparatifs qui précèdent son déroulement : un amant blond de vingt ans doit s'ébattre dans des draps de soie noire, tout comme le torero doit s'éclabousser d'or, de satin et d'argent, l'amazone se parer de rubis ou d'émeraude, et mon corps cannelle surgir de fourrures blanches.

— Mais aimerais-tu que d'autres t'imitent ?

— Quelques-unes, oui, sans hésitation. Très peu, en fait. Roger Vailland ne dit-il pas, dans cette ébauche sur la femme licorne : « Il est des femmes qu'une nature singulière rend aussi différentes de toutes les autres femmes qu'une licorne de la race des chèvres. » Je ne serai jamais chèvre !

— Est-ce là toute ta philosophie?

— Pourquoi cette restriction? J'ai certes besoin de me fournir sans cesse des preuves pour justifier mon indépendance, mon goût du commandement. Jeu dangereux : tu oublies que, par trois fois, j'ai failli abandonner les rênes à un autre...

— Cet abandon ne t'a donc pas semblé être une approche du bonheur?

— Je déteste le bonheur, cet argument de concierge pour justifier une destinée obscure et médiocre. J'adore la joie, cet instant incomparable — et fugitif. La joie et la jouissance : ces jumelles explosives.

— Et la jeunesse! C'est la théorie des 3 J, sans doute. Mais ne crains-tu pas que l'amour des 3 J ne te mène tout droit aux catastrophes?

— Bien au contraire! J'use et userai de l'adolescence mâle et femelle, tout au moins tant qu'elle aussi me désirera. Comme je pratique et pratiquerai les sports jusqu'à ce que mon corps s'essouffle. Si, fougueuse et joyeuse, je nage et skie, je monte à cheval et explore les fonds sous-marins, avec mon fils et ses contemporains, quoi d'étonnant à ce que je choisisse parmi eux mes compagnons de lit? Certains m'écrivent que l'Ordinatrice est leur bréviaire — eh bien, j'en suis fière...

— Je croyais que tu méprisais les autres, que tu t'en moquais éperdument.

— Les autres, pas les amants, les vrais, ceux que l'on n'oublie pas.

— Admettons cette promotion amoureuse. Mais toi, quand donc abdiqueras-tu ?

— Abdiquer ? Quel vilain mot ! Moi ? Jamais ! Je m'adapterai... dans un mois ou dans dix ans. Quand j'aurai conscience d'être seulement vieille. Je sais, par expérience, qu'on peut s'éprendre physiquement d'une sexagénaire — Angélica, par exemple. Il est vrai que son charme touchait à l'envoûtement. Passé le temps du démon de midi, qui me transforme en collectionneuse de papillons, je retournerai, sans amertume, à mes grimoires de la Nationale ; et n'ayant plus d'histoires personnelles, je retrouverai l'Histoire, et ses sortilèges. Et je laisserai blancs, tout blancs, mes cheveux, et blanche cette page où l'Amitié sourit en filigrane. Et pour enrichir encore cette retombée d'une existence où j'aurai dégusté tant de mets au poivre, au musc, au soufre, aux sucs, aux piments, aux herbes, aux algues, et, disons-le, au sperme, je m'offrirai un formidable festival de rire. Le rire, ce vice olympien. Ce rire qui a si mauvaise réputation parmi les philosophes : « Le rire est un vice de la nature humaine que tout esprit qui pense s'efforcera de surmonter » (Hobbes). Je convoquerai mes souvenirs les plus gaillards, mes exploits les plus osés, mes soupirants les plus naïfs, mes conférences les plus malicieuses, mes baisers les plus érudits, mes ennuis d'argent de cigale et mes violences, pour les confronter avec les petits soucis et les gros chagrins de la majorité des femmes du monde...

— De ton monde ?

— Mais je m'en vante ! C'est l'affaire d'une infime minorité que d'être indépendante, — le privilège des forts. Et je suis femme et forte à la fois. Si je scandalise, c'est plutôt qu'on me craint ; mais ceux qui comprennent ce pied de nez au conformisme de notre rang, dont je ne veux d'ailleurs pas supprimer les privilèges, savent bien que la femme belle, intelligente et drôle possède tous les droits de naissance, et qu'il est normal et naturel qu'elle règne sur l'empire des hommes. Parée de ses dons comme d'autres de leurs bijoux, n'accordant ses faveurs qu'à la beauté, la puissance ou la grâce, s'épanouissant dans un rire de haut standing — le rire des conquérantes et des amazones, — il faut bien qu'on la vénère. Et moi, faute d'avoir cru au Dieu de mon enfance, je savoure en toute conscience dionysiaque les vertus païennes qui m'ont ouverte au plus divin des rires : le rire doré.

Table

Achevé d'imprimer
le 27.1.78
par Printer Industria
Gráfica S.A.
Tuset, 19 Barcelona
Sant Vicenç dels Horts 1978
Depósito Legal B. 3374-1978
pour le compte de
France Loisirs
123, Boulevard de Grenelle
Paris

Numéro d'éditeur : 3509
Dépôt légal : 1er trimestre 1978
Imprimé en Espagne